讀西走國

系列丛书

2022年度山西省高等学校人文社会科学重点研究基地项目
"山西神庙剧场建筑遗产保护现状调查研究"
（2022J016）阶段性成果

戏台春秋

山西古戏台旅游导览

XITAI CHUNQIU

王潞伟
刘　彦　著
王　辉

山西出版传媒集团
山西人民出版社

图书在版编目（CIP）数据

戏台春秋：山西古戏台旅游导览 / 王潞伟, 刘彦,
王辉著.—太原：山西人民出版社,2023.4（2023.7重印）
（"走读山西"系列丛书 / 王爱琴, 杜学文主编）
ISBN 978-7-203-12464-1

Ⅰ.①戏… Ⅱ.①王… ②刘… ③王… Ⅲ.①舞台—
古建筑—介绍—山西 Ⅳ.①K928.712.5
中国版本图书馆CIP数据核字（2022）第207973号

.

戏台春秋：山西古戏台旅游导览

著　　者：王潞伟　刘　彦　王　辉
责任编辑：王新斐
复　　审：吕绘元
终　　审：李　颖
特约编辑：王　姝　吕轶芳　常艳芳
装帧设计：张镤尹

出 版 者：山西出版传媒集团·山西人民出版社
地　　址：太原市建设南路21号
邮　　编：030012
发行营销：0351-4922220　4955996　4956039　4922127（传真）
天猫官网：https://sxrmcbs.tmall.com　电话：0351-4922159
E－m a i l：sxskcb@163.com　发行部
　　　　　　sxskcb@126.com　总编室
网　　址：www.sxskcb.com

经 销 者：山西出版传媒集团·山西人民出版社
承 印 厂：山西基因包装印刷科技股份有限公司

开　　本：890mm×1240mm　1/32
印　　张：8.5
字　　数：200千字
版　　次：2023年4月　第1版
印　　次：2023年7月　第2次印刷
书　　号：ISBN 978-7-203-12464-1
定　　价：68.00元

Preface 总 序

　　习近平总书记在云冈石窟考察调研时指出，要让旅游成为人们感悟中华文化、增强文化自信的过程。整个山西，就是一座可触摸、可亲近、可对话的"中华文明博物馆"。山西形似一片绿叶，在这里，抓一把泥土就能攥出文明，踩一个脚印就能看到历史，厚重文化是它的亮彩底色，青山碧水是它的盎然生机。

　　走进这片树叶，历史记忆呼之欲出。山西有西侯度、匼河、丁村等遗址，是远古人类发展的典型印记；山西有陶寺遗址，是地中之都、中土之国，这里最早叫中国；山西有最早的水井，依水而居、背井离乡，这里是华夏最早的故土……2800多年前，平遥始建，旧称"古陶"，终成中国古代城市在明清时期的杰出范例。近2000年来，五台山历经沧桑、兴废有继、珠联璧合地将自然地貌和文化形态融为一体，成为中国四大佛教名山之首、中国文化景观与思想内蕴相结合的典型代表。1500多年前，"丝绸之路"东端的古都平城开凿云冈石窟，是为中国石窟艺术的经典杰作、中外文化融合转化的历史丰碑。

走进这片树叶，文化传承跃然其上。山西有洪洞大槐树，寄托着无数华夏儿女的乡愁；山西有晋商故里，万里茶道的驼铃在欧亚大陆回响；山西有抗战根据地，是中国抗战敌后战场的战略支点；山西有红色基因，孕育了伟大的太行精神、吕梁精神，赓续传扬。

走进这片树叶，表里山河雄伟壮阔。奔腾不息的黄河是它的涓涓血脉，逶迤绵延的长城是它的铮铮铁骨，巍峨耸立的太行是它的不屈脊梁。在悠长的自然变迁中，三晋大地造就了壶口瀑布、乾坤湾、老牛湾、王莽岭、八泉峡等奇观胜景，孕育了"地肥水美五谷香"的绿色生态。《人说山西好风光》处处传唱。

山西，是一片蕴藏着故事与力量的土地，承载着千年华夏的荣光，守护着中华文明的源头，如同一部文明演进与社会变迁的活态教科书，生动地呈现着传统与现代的交融之美。山西之美，美在遍地镌刻的历史印记，一眼千年。山西之美，美在三晋儿女的奋然前行，一腔热忱。山西之美，美在表里山河的秀美壮阔，一游难忘。

五千年文明看山西！来山西就是在历史中遨游，在山河中行走，就是在读一本家国的大书，行一场人生的壮游！

山西省委、省政府全方位推动高质量发展，推进文旅融合，作出"两个转型，文旅先行"的重要部署。山西的文旅产业已步入高质量发展快车道，三晋大地正成为海内外游客宜游宜养的度假胜地和广大投资者的兴业热土。为忠实践行习近平总书记在山西考察调研时的重要指示精神，在大力实施文化强省战略上迈出新步伐，加快推动文旅融合高质量发展，山西省文化和旅游厅与山西省作家协会组织编写了"走读山西"系列丛书，分册内容涵盖山西的历史文化、戏曲民歌、壁画雕塑、古建戏台、红色文化等多个领域。丛书图文并茂、深入浅出，具有很强的趣味性和知识性，是山西文化旅游优质资源的资料库，是山西文化旅游产业发展优势的展示台，也是山西推进文化自信自强，向世界讲好山西故事的金色名片。

习近平总书记在党的二十大报告中指出，要讲好中国故事，传播好中国声音，展现可信、可爱、可敬的中国形象，推动中华文化更好地走向世界。相信这套丛书能够为省内外、海内外人士提供方便，让更多的人走进山西、了解山西、爱上山西。

是为序。

目录

导　语

　　亲爱的朋友，你知道在我们的国家，哪一个省的国保级文物最多？哪一个省的古代建筑最多？哪一个省的戏曲文物最多？哪一个省的戏曲剧种最多？哪一个省的民间歌曲曲目、民间舞蹈品种保存下来的最多？哪一个省的锣鼓品种最多，气势最雄壮？哪一个省的民俗样式最多，生活最繁复？哪一个省的商人在全国盖的会馆最多？哪一个省的古代戏台保存得最多？哪一个省的许多地名，本身就是经典戏曲的剧名？比如说《五台会兄》《金沙滩》《宁武关》等。哪一个省被称为"戏曲的摇篮、民歌的海洋"？哪一个省的戏曲"梅花奖"演员最多？哪一个省的戏迷最多？对了，是山西省。可能你又要问了：为什么是山西啊？山西人是不是特别爱看戏？特别爱唱歌？特别爱跳舞？而这，好像与黄土高原木讷、憨厚、拘谨，以及沉默寡言的形象不太搭界啊！再进一步地说，是不是这里的人们特别留恋过去的时光？特别留恋过去的历史？飘过这里的白云，曾经见证过怎样的色彩？流过这里的河水，曾经经历过怎样的曲折？平缓绵润的晋南平原，隐藏了多少"最早中国"的密码？蜿蜒百里的汾河谷地，能否最终揭开"尧舜禹"的传说真谛？中条巍峨，盐池浩渺，黄河三角洲的文化种子还需要多少挖掘与研究？横亘东西的太行吕梁，饱览过多少雄浑沧桑？雄踞北边的雁门关、宁武关和平型关，领略了多少金戈铁马？内外长城万里，经历过多少战争、和亲和商贸往来？五台山的青灯黄卷里，掩住了多少刀光剑影？金沙滩的牧草麦田里，一锄头下去，又挖开了多少尘封的箭镞？北魏平城，全民经商的民族——粟特人的身影何在？大佛造像，慈颜凝脂，融汇了多少异域的面容？最西北角的杀虎口，何止是通向内蒙古高原的通道，它更是银圆托运的税关。是啊，在这块菱形桑叶状的广袤土地上，究竟发生过怎样的传奇故事？经历过怎样的戏剧性演变？这里的人群，究竟继承了怎样的文化血脉？太行山和吕梁山，蕴藏着多少民族融合的血液？他们的文化基因里，是不是有太多戏曲的因子？他们的文化人格密码，是不是需要全新的解读？那或唱或舞或粉墨登场的源头究竟在哪里呢？一言以蔽之，如果开始寻根探索，最好从哪里开始呢？在今天看来，把这一座座并不太大的戏台作为历史的窗口穿越就是一个绝佳的艺术角度。

这里，曾经锣鼓喧天，丝竹盈耳；曾经辗转朝代，荣华汇集；曾经报仇雪恨，切齿有声；曾经感恩盟誓，道德萦怀；曾经花前月下，流连忘返；曾经千里赶考，万里还乡；曾经谈笑古今，诙谐论世；曾经高台教化，拧耳训诫；曾经装神弄鬼，拜谒神明；曾经化蝶翻飞，遥寄理想；曾经劝孝树人，引天雷报。当然，更多的必然是才子佳人，爱情千古。从这里看出去，有"一弹流水再弹月，半入江风半入云"的角度；有"父老闲来消白昼，儿童归去话黄昏"的角度；有"长笛一声城头月白，高歌数阕江上峰青"的角度；有"戏中展现千秋功业，台上显映万代春秋"的角度；有"戏场小天地，天地大戏场"的角度；有"几更时万古千秋，数尽地五湖四海"的角度；还有"黄粱一梦炊为尽，青史百朝演入情"的角度；更有"为人须顾后，上台终有下台时；应作如是观，古人今人若流水"的角度，林林总总，不一而足，足够选择。或单一切入，所谓小切口，大情怀；或宏观描绘，所谓波澜壮阔，伟岸登程；或娓娓道来，做渔夫樵夫讲述状；或茶余饭后，仿举子士人文人科。无论如何，在介绍古代戏台之前，需要先来介绍一下山西省的情况。

让我们从娘子关进入山西吧，当你坐着高铁从石家庄向西攀爬时，太行山的巍峨好似屏障，保护着高于华北平原的黄土高原，在穿过了一个又一个山洞隧道后，高原和沟壑会闪现在你面前——当然也有比华北平原更清新的空气和蓝天——山西到了！据说，因为这里是世界上最厚的黄土层，裹积着开采了几百年的煤炭，因此这里烧制的青砖结实耐用，所以呢，这里的建筑也就格外经得起岁月的淘磨，现在依旧结实地屹立在此。还有一说：黄土高原本身干燥少雨，所以湿气对建筑和文物的侵蚀较小，也使得大量的古代建筑和文物能够完整留存。我们想，这两种原因，都是山西成为中国第一文物大省的原因。我想说的第三个原因涉及文化人格方面：山西人普遍节俭，因而最善于积攒，这样一个群体，让他们暴殄天物，随意扔掉老祖宗留下的东西，他们会舍不得、会心疼、会像割自己的肉一样难受。这个传统一直延续到今天，据说，在当今，山西人的存款率仍居全国之首。这个原因，是不是很关键呢？

山西简称晋，是因为现在山西的省域面积，大部分属于春秋时期的晋国疆域，实际上就是当时晋国的主体所在。目前，山西拥有全国最大的地上文物群，国保级单位531处，这一点非常了不起，其实，从这一点出发，就能够知道，山西人受传统的影响是多么深远！从华北平原陡然走上了黄土高原，大自然的造化鬼斧神工，山西好似比华北平原上了一级台阶，只是多了一些山，切开了几块盆地。这一切不要紧，也把山西的文化切成了几块。晋中盆地和忻定盆地以及晋北高原，是属于晋剧的领域；晋南汾河谷地，是属于蒲剧的领域；在太行山蜿蜒的上党地区，是属于上党梆子的领域；在太原以北的区域，北路梆子也有些活动，只是越来越式微了。这四大梆子好似四棵大树，分插在山西的各处，在四棵大树的庇荫下，又有无数棵小树，活泼有致地舒展着自己的身姿。比较有影响的小剧种还有：活跃在晋东南地区的上党落子，活跃在晋北地区的二人台（在内蒙古自治区属于大剧种），活跃在晋中地区的祁太秧歌，活跃在晋南地区的眉户，等等。山西的戏曲剧种到底有多少？有人说56种，有人说52种，据可靠调查，目前还能演出的剩下38种了，即使这样，在全国依旧排第一。

问题来了，为什么山西人口并不多，但剧种却这么多？我们想，当然和山西的历史、山西人的血脉构成以及地理文化有关系。简单地说：我们以为，这种现象和多民族融合有关系，千百年来，所谓"五胡乱华"等事件，山西都打头阵，游牧民族与农耕民族一直在这里交战、交融、交流、交会。据传，山西雁门关是中国古代打仗最多的地方，今天的朔州、大同一带，也是民族贸易频繁之所在，右玉杀虎口，当时还是边关、税关，可见各民族交流贸易有多么重要。随着经济交往的频繁，艺术自然也会交流融合，因而艺术形式也都有固守、有变化，留下的品种会多一些。这里生活的族群多，无论祭祀神鬼，还是集体娱乐，都留下了丰富多彩的形式。再者，群山阻隔，交通不便，也使得艺术品种更易留存。还有一点，除中原汉族以外的民族，善歌善舞者众，因而众多民族的后裔，就留下了这么多的艺术品种。

中华民族历史悠久，幅员辽阔，民间文化丰富多彩，其中戏曲剧种按照不同的分类标准统计均达几百种。1959年中国戏曲剧种统计为360种，这其中有50个剧种是中华人民共和国成立以后新创的剧种；1982年编撰《中国大百科全书·戏曲曲艺卷》统计的中国戏曲剧种为317种；20世纪80年代以来国家重点科研项目《中国戏曲志》统计中国历史上曾经存在过394个剧种。据新华社2017年12月26日发布的最新的全国地方戏曲剧种普查成果（截至2015年8月31日），全国共有348个地方戏曲剧种。其中有48个剧种流布区域在2个省（自治区/直辖市）以上（含），300个剧种流布区域仅限于1个省（自治区/直辖市）内，显示出地方戏具有极强的地域性。

从省域剧种流布数量看，山西境内现存38个剧种，位列榜首；河北36个，名列第二；安徽31个，位居第三。其他省份剧种流布遗存排序为山东28个、江西26个、陕西26个、湖北26个、河南25个、福建23个、广西21个、湖南20个、江苏20个、云南18个、浙江16个、广东16个、内蒙古14个、甘肃13个、四川11个、贵州10个、上海9个、北京8个、吉林8个、宁夏7个、青海7个、辽宁6个、重庆6个、西藏6个、新疆6个、天津5个、黑龙江5个、海南3个、新疆生产建设兵团2个。山西境内的38个剧种，除了少数影响较大的剧种外，多数为小戏（小剧种）。可见，民间小剧种在我国传统戏剧大家庭中是数量最多、分布最广的类型。全省流行的大剧种主要有晋南蒲剧、晋中中路梆子、晋北北路梆子、晋东南上党梆子四大梆子剧种，其余皆为小剧种，如孝义碗碗腔、曲沃碗碗腔、灵丘罗罗腔、晋南眉户、太原秧歌、襄武秧歌、广灵大秧歌、祁太秧歌、沁源秧歌、繁峙秧歌、壶关秧歌、泽州秧歌、汾孝秧歌、晋北道情、河东道情、洪洞道情、河曲二人台、浮山乐乐腔、上党落子、凤台小戏、孝义皮腔、左权小花戏、雁北耍孩儿、芮城扬高戏、朔州大秧歌、晋南锣鼓杂戏、翼城琴书、河东线戏、平陆高调、晋中弦戏等，广泛流布于山西境内的城乡村野。这些小剧种由于从业者多为业余人员，且受众群体急遽减少，故其保护传承问题严峻，多个剧种濒临灭绝。

近年来，传统文化保护和利用引起高度重视，让文物真正"活起来"成为当前需要破解的重要课题。山西省境内的戏剧文物不仅类型丰富，而且数量庞大，且时序演进完整。就现存戏剧文物而言，全国金元时期古戏台遗址遗构现存16座，均位于山西境内；明代戏台87座，山西境内有46座；清代戏台更是遍布省内城乡村野，已然成为散落在三晋大地的珍珠，闪烁着历史的光芒。再者，如戏曲壁画、戏曲雕塑、戏曲类木板年画、戏曲类题记等，山西境内均有大量遗存。

就古戏台建筑文化遗产而言，作为戏曲文物遗存的重要类型之一，遍布中华大地，与人民群众生产生活息息相关，承载着祖祖辈辈的乡愁乡思，蕴含着丰富的思想文化内涵，延续着一方水土的民俗风情。随着城镇化、现代化的快速推进，如何让这些老戏台"活起来"？继续发挥其文化价值，是目前面临的一项十分紧迫的任务。所以，对古戏台文化价值的挖掘与整理，对于弘扬中华优秀传统文化、加强乡村历史文化记忆、丰富人民群众精神生活、振兴乡村文化等，具有十分重要的意义。概而言之，古戏台有以下几方面的文化价值：

首先，古戏台建筑遗产具有重要的历史文物价值。中国著名文物专家谢辰生先生认为："历史是根，文化是魂，而文物则是历史的验证和文化的载体"。古戏台作为历史的产物，蕴藏着时代的烙印，这是文物的首要价值。作为文物的重要类型之一，古戏台凝结着民众劳动与智慧的结晶，是地方演剧文化的重要载体，已成为乡村历史文化记忆的坐标，具有重要的历史文物价值。

其次，古戏台建筑遗产具有重要的学术研究价值。就戏剧戏曲学方面而言，古戏台是研究中国戏曲演剧文化发生、发展、繁盛、衰弱的重要历史见证，其实物遗存数百年，具有重要历史价值。其兴建与演进与中国传统戏剧艺术的发展相伴相随。中国传统戏曲形成于宋金，成熟于元代，变革于明，繁荣于清；与此同时，戏曲剧场肇基于北宋，发展于金元，改进于明，兴盛于清。20世纪30年代，卫聚贤首次对中国古戏台进行现代学理意义上的考察与分析，开创了中国古代剧场研究的学科路径，开辟了戏曲文化研究的新领域，由之前的案头戏曲文本研究转向戏曲舞台及演剧文化的相关研究，故古戏台遗存对于戏剧戏曲学科具有重要的学术研究价值。就建筑学、声学方面而言，古戏台是中国古代建筑的重要类型之一，是中国建筑文化的重要组成部分。依据建筑形制与风格对古戏台进行断代以及建筑学知识、测绘、描述等方面的研究，始于1984年山西省古建研究所柴泽俊先生的《平阳地区元代戏台》《宋金舞台形制考》等文，柴泽俊先生依据神庙剧场大额枋制、斗拱、藻井等建筑形制与《营造法式》中的规定相比对，对神庙剧场建筑年代进行甄别。冯俊杰的《中国现存时代最早的神庙戏台》《山西运城三路里村三官庙戏台的断代问题》《中国古戏台的断代问题》，延保全的《山西高平市发现一座有纪年之金代舞庭》等论文，皆是基于建筑学理论基础，结合其他佐证对现存神庙剧场的建筑年代予以科学判定的相关论述。21世纪初，从建筑学、声学专业角度研究古戏台的主要学者有王季卿、薛林平、罗德胤等。他们运用大量实例，较为系统地梳理了中国传统剧场建筑形制的嬗变，且注重对剧场建筑的社会文化背景分析，进而对古戏台之剧场声响学方面进行专门探讨，尤其是对戏台藻井形制的声响效果进行了科学的测试分析，不仅拓宽了剧场研究的视野，而且对于新剧场建筑的声响设计具有科学的借鉴意义。古建筑工艺，尤其是古戏台藻井木构建筑作为非物质文化遗产亦越来越受到重视，使得这一传统手工艺得到了有效的保护与传承。

再者，古戏台建筑遗产具有重要的艺术价值。中国古建筑重视装饰，主要体现在雕塑、绘画、书法等方面，戏台建筑亦不例外，明清戏台最为突出。古戏台建筑多有绘画、雕塑用以装饰，以显示戏台之精巧华丽。从屋顶的宝瓶、鸱吻到基、柱、础、梁、枋、斗拱、雀替、隔扇等处，无不雕琢绘饰，包含了木雕、砖雕、石雕、泥塑等多种工艺。其内容多为龙、凤、仙人、走兽、奇花异草、人物故事、戏曲场景等。这些精美的工艺均为民间艺人智慧的结晶，呈现出鲜明的地方风格与流派特征，如北方多质朴，江南多细腻，岭南多繁丽，西北多富民族风情等，为后人了解民间传统绘画、雕塑工艺提供了重要的实证。古戏台上还有大量的楹联匾额遗存，楹联匾额在中国古建筑装饰方面具有画龙点睛之效。一副饱含意蕴、书写洒脱、雕刻精美的楹联匾额会使戏台建筑生机盎然，意境深邃。戏台楹联不仅能凝练概括地表达出传统戏曲艺术的表演特征和审美欣赏的习惯，而且对提示戏曲艺术欣赏的观念和角度具有重要启示。一句"舞台小天地，天地大舞台"，富有哲理，耐人寻味。

山西的戏台，据20世纪80年代统计，总数有2888座之多，居中国之首。到现在究竟还存有多少，一说为1000多座。戏台是古代中国人少有的宏大的娱乐场所。它由最早出现的"露台"逐渐演变而来，什么是"露台"？专家介绍，其实就是艺术从业者占据地势高一点的地方，进行表演展示，这个地方就叫"露台"。"露台"有多高？有多大？因为现在没有任何遗存，所以也无法描述。山西尽管是"中国古代建筑的地上博物馆"，但也没有任何有关"露台"的痕迹。中国文物协会名誉会长谢辰生先生在为《山西古戏台通览》所做的序言中说："我国戏台产生于古代的祭祀酬神，秦汉时期出现了露台的建筑形制。北宋随着戏曲文化的繁荣，形成了真正意义的舞亭和戏台。到这时候戏台的作用已不仅是酬神，而且还有着群众娱乐、道德教化、节日庆典等功能，戏台建筑形式也更加丰富多彩"。据《中国戏曲通史》记述，有唐一代，以"安史之乱"为分界线，之前是贵族文艺的时代，之后是市民文艺的时代。市民文艺的滥觞，有可能直接促成了戏曲要素的形成，开始了戏曲长时期的形成阶段。在这一阶段里，承载它发展的具体场所是所谓的"庙会和瓦舍"，西安现在仍有一个慈恩寺街，慈恩寺就是唐代艺人卖艺的集中场所，而把卖艺的场所设在庙中的做法，却发生在更早的北魏时期。《洛阳伽蓝记》卷一对此有比较详细的记载，但并未在当时成为普遍的现象。"戏场"之盛于庙中，还是唐"安史之乱"以后的事。以此发端，唐朝"俗讲"，百戏相生，自宋以降，"勾栏瓦舍"，大体成形。而至金元时期，山西戏台的规制已经完全成熟，至今保留的中国最早戏台，证明着这块土地戏曲之繁盛，以及山西人为中国文化所做的贡献！

大体上看，山西古代戏台主要是这样的结构：建筑的材料基本上是砖瓦加木材，砖为基础，木材精工，特别是舞台顶部所谓的"藻井"部分，更是木工加音响师的技巧组合，没有非凡的技术无法完成。还有一些舞台，如太原晋祠的"水镜台"，在戏台的基座底下安置着一口大瓮，亦取吸音作用，巧妙之极。从高度讲，戏台大致可分为单层、双层两种类型。单层指戏台建在一个台基上，大部分台基一般高度为1米左右，也有更低一些的，如在一些晋商大院中，有的戏台就低于1米；双层戏台指戏台建在通道之上，这样的戏台山西各地多有，上边演戏，下边走人，所谓通道，多为山门，高2米左右。从开口角度讲，有一面观种类者，如吕梁临县碛口镇黑龙庙戏台，如此形制，同现代大型舞台一样，只是面积小了许多；有三面观种类者，如前面提到的太原晋祠水镜台，这一类形制，演员上下场是直对观众的。特别需要解释的是，在山西洪洞县广胜寺著名的戏曲壁画里，"大行散乐忠都秀在此作场"的珍贵文物图中，上下场就是这种形制，其中令人印象深刻的一点是，在上场门口，一个演员正在掀着门帘一角往外窥视。像个一面观的戏台，从观众的左手方向上，从观众的右手方向下，与今天的舞台相同，读者诸君好理解，不再赘述。亦有介于二者之间的舞台，并不多见。

实际上，山西人真正用心修建的戏台，省内当然不少，否则就不会成为全国古代戏台保存最多的省，但在省外，才真正多而且好呢。听说过山西会馆、山陕会馆等名称吗？可以这样说，晋商的名气有多大，晋商所建的会馆名气就有多大。外省人不知道晋商会馆情有可原，山西人不知道晋商会馆则说不过去。那么，山西人所修建的会馆有多么豪华呢？大家在网上搜索一下晋商会馆即可知晓。近二十年来，在中国旅游事业蓬勃发展的年代里，中央电视台几乎每一个频道都在播放各省的旅游广告片，据我有限所阅，即在河南的片子中看到了南阳市社旗县的"山陕会馆"，在安徽的片子中看到了亳州的"花戏楼"（晋商修建的药材会馆），在苏州的片子中看到了"全晋会馆"，不一而足。令人遗憾的是，这些片子中几乎都不提晋商二字，或者说没时间提晋商二字，只把它们当作当地的文物古迹了。这也几乎成了晋商会馆所在地的通病了，好像这些会馆戏楼，不是山西人建的，倒是当地人建的一样。本书希望在这方面做一彻底改观。概括来看，本人认为，由于晋商辉煌了五百年，也由于山西超稳定的基层治理结构，还由于这一片土地虽然有些贫瘠，但自然灾害确实不多（良好的贸易对其有了相当的补充），因而山西的经济发展环境实际上一直相对缓和，这也造就了这块土地上的人们能够在经济活动之余进行丰富的艺术交流与鉴赏，"村村有神庙，庙庙有戏台"的形成，不是一时之举，也不是短时期能够积累起来的，没有漫长稳定的历史推进与习惯，很难形成这样的建筑奇观。即使在现代化的今天，当我们一想起"村村有神庙，庙庙有戏台"的景观，依旧激动不已。事实上，山西过去的农村不仅是村村有关帝庙，有戏台，而且是村村都有完整系列的庙宇和钟鼓楼等设施，完备的信俗必须在完备的古典建筑里完成，而晋商能够做大，能够"纵横九万里，称雄五百年"，能够源源不断地从古朴乡村补充财务与文案人才，与这超稳定的乡村信俗结构岂能没有关系？而山西乡村完备的庙宇和戏台，则是山西人文化人格形成的基础。好了，让我们再把话题拉回到戏台上吧。以下的文字，希望从个体的戏台剖析历史上山西文艺演出的规模和形制，以及演出剧目的演变。

太原篇

晋祠水镜台和钧天乐台

论建筑年限，它不是最古老的；论文物价值，它不是最奇特的。那么，为什么要首先介绍晋祠的水镜台？因为源于我儿时的记忆，更因为在山西，它可能是被游客参观最多的古戏台，毕竟它在晋祠。先来说说晋祠，山西简称晋，所以晋祠也被人们认为是山西的祖祠，是为纪念晋国开国君主唐叔虞而修建的，是最能够代表山西文化的古典建筑园林。就这一点来说，晋祠的修建也是十分奇异的，因为如果以此类推，楚国应该有楚祠？鲁国应该有鲁祠？宋国应该有宋祠？其实

太原市晋祠水镜台

都没有，唯独山西有晋祠，其中的文化妙处，以及文化基因里的祖先崇拜元素，实在需要文化史家去研究。可惜到目前为止，我尚未看到这一方面的解释。唐叔虞如果活着，现在应该是3000岁左右的人，他本是今天的陕西人，是周成王的弟弟，因被封在古唐国而开创了三晋文化的千年辉煌，被尊为晋国始祖。以这些史实推算，晋祠的修建应该是很早的事情，但由于没有当时的记载，所以人们现在无法推测它的实际修建时间。因为在北魏郦道元的《水经注》中已有记载，人们猜想它在北魏时期就已经相当出名，那建筑的年代肯定应该更早，但早到什么时候，没有扎实的文字记述，谁也不能下定论。可以自豪的是，晋祠在有唐一代，经历过它的辉煌时期，或可谓之曰：见证过历史风云，蕴含了英雄豪气。有心的游客一定记得在晋祠园林的北端，有一座唐碑亭，唐碑亭里有两座碑，一座为唐太宗手书《晋祠之铭并序》，开创了中国行书勒石之先河，另一座为清代复制碑。那么，唐太宗为什么要在这里亲自手书碑文呢？这当然有它深刻的社会背景，不过我以为，其中还沉淀着李世民本人对太原城极深的情感元素。

李渊是隋朝皇帝杨坚的外戚，被封为太原留守，而李世民作为"太原公子"，随着他父亲的到任，在这里度过大约两年的黄金时光。隋末，眼看朝廷风雨飘摇，李渊、李世民父子遂以晋阳为根据地，高举义旗而起。举义之时，他们曾经焚香祷告，跪拜在唐叔虞灵前，祈求保佑他们旗开得胜，平定天下。在艰苦的扫荡群雄的各场战争中，晋阳也曾经因李元吉无能而丢失，但李世民始终认为晋阳是

"王业所基，国之根本"，坚决要求收复、护佑。建唐后，曾先后以晋阳为北都、北京，其地位与京师长安、东都洛阳并列，李白有诗曰："天王三京，北都居一"，当时的晋阳规模已经可想而知了。

贞观十八年（644），李世民亲率六军，浩浩荡荡东征高丽，经过一年多的征战，与高丽打了个平手，但毕竟未完成原定计划，却因了天气原因只能班师回朝，有人说以失败告终，其实不甚准确。班师之时的情景，更是一段战争史上的佳话：太宗皇帝十分欣赏安市城城主的顽强，特赐百匹绸缎以资奖励。城主杨万春亦登城拜谢，遥送唐军回国。安市城之战无论攻方守方均表现出了极高的军事与人文水准，所谓英雄惜英雄，虽然作为敌对方，但最后都表现出了亚洲式的骑士精神。所以这里的所谓失败，与一般意义上的失败怎么能够同日而语？

贞观十九年（645）十月，唐朝军队回到了发迹之地太原休整。贞观二十年（646），唐太宗李世民带领群臣游览晋祠。可以想见的是，他在这里居住了如此久的时间，对太原，他有多么深厚的感情！而今戏剧影视题材众多，这么好的故事，为什么鲜有宏大的电影表现？这也是我的一个心结。前面说，他与其父亲起兵之时，曾经在这里焚香而祭，如今，他已戎马一生，创下了辉煌基业，再回晋祠，触景生情，定感慨万端，加之行旅迢迢，烈士暮年，便欣然"树碑制文、亲书之石"（见《册府元龟·巡幸》），完成了一篇千古流芳的翰墨。在《晋祠之铭并序》碑额上标明写作时间，"贞观二十年正月二十六日"，即公元646年。

《晋祠铭》和《温泉铭》是李世民临摹王羲之墨宝最得意的两篇力作，只可惜《温泉铭》早已佚失，只留拓片流传于海外，故《晋祠铭》碑拓尤为珍贵。碑中多用"之"字，且千变万化。清人齐羽中评论："其书气象涵盖，骨格雄奇，盖俨然开创规模也。其书结字用笔，颇似怀仁圣教序"（《三晋见闻录》）。《晋祠铭》与当时的僧怀仁集王右军书《圣教序》，在书法艺术上可以说难分伯仲。唐朝将其拓片作为国宝，视为珍奇，赠送外国宾客作为礼物。（见《旧唐书·东夷传》）经过千年之后，到了乾隆三年，为了保存这一文化遗产，使之流传后世，太原知县周宽与杨二酉请长于书法的杨育摹钩旧拓片，刻成新的复制碑，字迹宛然，历历在目，虽然难以完全反映原碑的神韵，但原形未失，字迹清楚，神形逼真。杨二酉在乾隆三十七年（1772）专门记载了这次复制碑的过程，并将其文字刻在了复制碑的左侧。

杨二酉（1705—1780），字学山，晚年号悔翁，晋祠镇南堡人，雍正甲寅年中进士，授庶吉士，乾隆时任翰林院编修，台湾学政。他"工书善画，长吟咏"，"长于古文辞章"。回归故里后，潜心致力于家乡的文化建设，对晋祠的名胜古迹进行了保护修复，为晋祠留下了许多名匾，对晋祠名胜颇有建树。摹钩者杨育，字大田，号损斋。《晋祠志》记载："书法超群者，悔翁而外，厥惟者亭先生……"说明杨育是晋祠一带书艺超群、才华横溢的书法家。

除了以上名人外，历代文人墨客，亦多有咏晋祠诗。最著名的有李白诗："晋祠流水如碧玉，百尺清潭写翠娥"；前面提到了，他还说过"天王三京，北都居一"。北都即太原，当时亦称晋阳。现在我们称太原是"唐根商祖"，即因为李渊父子从太原起兵攻下长安，为纪念太原而把他们建立的朝代定为"唐"。

但是，对于晋祠园林中的戏台——水镜台，可以下定论的是，这是一个明清建筑，后台为明代建筑，前台为清代补建。有一点常识的人都知道，戏台的对面，肯定对应着庙宇，因为演戏在过去最重要的功能，一是"娱人"，一是"酬神"，"酬神"比"娱人"更重要。实际上，无论西方还是东方，真正流传千古的经典艺术，顶级的都是有宗教元素的，中国的佛教造像，西方的教堂艺术，甚至贝多芬作曲的《欢乐颂》，都是发自内心的讴歌神圣之作。水镜台在晋祠"金人台"前四十米，所谓"金人台"，是指宋代时铸铁塑的几个人像，俗称"金人台"。四个金人两边排列，并不挡水镜台的观演视线，所以水镜台正对着的，是晋祠的圣母殿。写到这里，可能读者诸君早就提问了，晋祠不是供奉的唐叔虞吗？怎么戏台又正对着圣母殿？晋祠最早是为祭祀唐叔虞而修建，但后来祭祖的神庙逐渐演变成雩祭的场所，也可能黄土高原多受旱灾影响，所以求雨也成为更迫切的主题。那么，为什么要叫作水镜台？水镜二字，出自《汉书·韩安国传》，谓之"清水明镜，不可以形逃"，意味着水与镜可以反映真实形态，如同戏曲反映人生社会一样。可见，古代戏台，一直是当时人们认识自我、认识社会、认识历史乃至认识明天的镜子。"高台教化"一直是戏台乐此不疲的任务，反观人生一直是戏台客观上的作用。据专家说，水镜台的位置，在更早前，就是所谓"露台"的位置，逐步发展成了宏大的戏台。前面说了，水镜台由明代戏台和清代补建部分联合组成，所以建筑上也有两个时代的明显特征。据《山西古戏台通览》一书介绍，"明代戏台有重檐歇山顶三间，清代在前补建的单檐歇山元宝顶三间，形成了前台和后台。前台的后檐插进明代戏台之上檐之下，成为复合而完整的建筑整体。合成的水镜台为三面观，台基高1.2米，宽18米，侧宽17.2米，平面近正方形。四周回廊，圆木柱，台基四边设石围栏。明代戏台在当心间辟门，两次间各开一圆窗。上檐斗拱双杪五踩，补间斗拱三攒，耍头为蚂蚁头。檐间悬'三晋名泉'匾额，下檐单杪三踩，不施补间铺作，上下转角均出由昂。清代补建的前后六檩五椽，进深6.2米，面阔9.9米，青砖墁地，表演区域宽阔，檐下额坊、梁头、转角、雀替雕刻华丽，为清代建筑装饰工艺的典范。"之所以要引用如此繁复的专业用语，是想让读者诸君首先了解该戏台的结构，从而以此为窗口，开始进入三晋文明的探索当中。有了戏台，自然要看看它的戏联，再看看它的戏单，从这里回溯晋剧——中路梆子的历史，应该是一件快乐的事。

　　晋祠原为祭祀唐叔虞而建，位于太原市西南50里的悬瓮山麓，晋水发源处。由祭祖改为祈雨，祭祀的目的性发生过一次大的转变，这是由于北方天气干旱，耕稼专待雨泽，人们不得不求助于神灵，而且愈来愈依赖于神灵而促成的。

晋祠最主要的庙宇是圣母庙、唐叔虞祠、昊天神祠和水母庙，其次是东岳庙、文昌宫、台骀庙、朝阳洞、公输子祠等。文昌、七贤为士大夫所祀，水母、龙王主要是农民迎祭，公输子是手工业者崇祀之神，财神则多满足商人的愿望。古代士农工商四民，在这里都可以找到自己的精神寄托。

圣母殿是晋祠标志性的主体建筑，创建于北宋天圣年间，崇宁元年（1102）曾予大修，元明清以来亦屡加修葺，但其主要构件并未改换，仍属北宋遗构。大殿坐西朝东，重檐歇山顶，筒瓦，黄琉璃脊，黄绿琉璃瓦剪边。举折较高，但屋顶起翘十分柔和。台基依山形筑成，副阶周匝，前廊进深两间四架椽，两侧各立一尊泥塑殿值将军，异常高大威猛。

圣母殿之前是"鱼沼飞梁"，是我国现存古桥中唯一的一座十字形桥梁，始建于北魏时期，距今已有1500多年的历史。"鱼沼飞梁"之前是献殿，献殿西距圣母殿29米，东距金人台15.5米，为金大定八年（1168）遗构。建筑采用单檐歇山顶制，黄琉璃屋脊，筒瓦覆布，绿琉璃剪边。面阔三间12.7米，进深两间7.6米，前后当心间辟门，宽达5米，两山及次间均在坎墙上安装直棂栅栏，坎墙高0.9米。整体造型显得简洁而敞朗。脊枋题曰："金大定八年岁次戊子辰月创建"，"一九五五年用原料照原样翻修"。前后各有楹联一副，前曰："圣德著千秋，维其佳而维其时，精神不隔；母仪昭万世，于以盛而于以奠，灵爽堪通。"后曰："恭以致享，肃以迎神，其仪罔忒希沾泽；心不苟虑，身不妄动，式礼莫愆愿祝厘。"两联均已点明，这里一直都是举行祭祀圣母仪式的场所。

献殿之前是莲花台。莲花台今名金人台，金人身上都有铭文，专记捐献、铸造者的姓名及年月。莲花台，从名称上看，原来是一种须弥座式的露天平台。水镜台位于金人台以东，二者相距40米，遥对圣母殿，是明清两代建造的戏台的前后组合，建筑平面为凸字形。

明代戏台的一大特征便是出现了专门的命名，如高平王何村五龙庙戏台取名"庆云楼"，运城盐池神庙戏台取名"奏衍楼"，介休洪山镇源神庙戏台取名"鸣玉楼"等。晋祠"水镜台"之名取自《汉书·韩安国传》："清水明镜，不可以形逃。"意谓忠奸、是非、善恶、美丑，一经搬演便显露无遗，有较强的"反映论"色彩。

水镜台为前后组合式建筑。后台为重檐歇山顶三间，创建于万历元年（1573），正脊宝阁下有琉璃铭文"万历元年六月吉"等字可证。前台为单檐歇山卷棚顶三间。台上以软门隔断前后，软门上方正中悬挂着杨二酉手书的"水镜台"匾。水镜台的前台楹联有二，一曰："临回望之广场，飘轻裾曳舞长袖，虽云优孟衣冠，而君君臣臣、父父子子、兄兄弟弟、夫夫妇妇，大伦理都从丝竹管弦中抑扬绘出；呈角抵之妙戏，著假面拗真腰标，只属侏儒伎俩，则文文武武、鬼鬼神神、是是非非、奇奇怪怪，众情形竟自清词丽曲内婉转传来。"重点指出戏剧具有宽广的表现领域，可强化人伦物理，反映多方面的社会生活。另一联曰："笙歌韵管弦，皆是写炎凉世态；艳质回风雪，罔非传冷暖人情。"突出戏剧所反映的社会生活的复杂性，赞扬戏曲音乐的优美动听，戏曲艺人的天生丽质及其舞蹈、动作的疾徐旋转之美。其台基高约1.2米，宽18米，侧宽17.2米，平面接近正方形。上下场门之上，彩绘戏曲故事"木兰归乡"等。清代建筑讲究"凡木必雕，凡雕必美"，风格富丽，这座舞台就很典型。

钧天乐台位于昊天祠外，背临智伯渠，面向山门，创建于乾隆年间，当地人习惯地称呼为新乐台。台内软门之上悬挂今人书写的"钧天乐台"之匾。《列子·周穆王》云："钧天广乐，帝之所居。"可知这里的帝指的是天帝，所居即指天宫。钧天广乐谓天宫之乐，天地

太原市晋祠钧天乐台侧面

10

间最美妙的音乐。用钧天乐台命名戏曲舞台，美化之意至为明显。

钧天乐台亦为前后组合式，前台歇山卷棚顶，后台单檐歇山顶，琉璃屋脊，筒瓦覆布，绿琉璃剪边。整体形状近似水镜台而规模较小。前台省却后檐而与后台结合，手法和水镜台相反。台基高1.9米，宽13.7米，侧宽10.7米，后台稍宽于前台，平面为凸字形。四面设护栏，高0.36米，前台的用白石望柱、白石华板，造型美观；后台周围的则以砖石砌就，比较简朴。舞台东侧设置台阶，以通上下。台前楹联曰："音入妙时如蟾宫绝调，像传神处拟才子奇书。"从音乐、剧情两方面颂扬这座戏台的实用功能，充满自豪之情。

太原市上兰村窦大夫祠剧场

领略晋祠的历史风度后，在太原西北约25公里的上兰镇，还有一处颇值得驻足观游的景观——窦大夫祠。该祠北依烈石山，西南傍汾河，是为纪念春秋时期晋国大夫窦犨而建。据史载，这位窦大夫曾于狼孟（今阳曲黄寨）开渠兴利，造福黎民。有传说孔子应赵简子诏而往赵国，至黄河边，闻听这位窦大夫为赵简子所杀，于是驱车而返。祠内献殿一副清乾隆年间凤台沈荣昌拟对联："太行山巅孔圣为谁留辙迹，烈石山下晋贤遗泽及苍生。"此上联讲的便是这个故事。关于窦大夫的传说久远，而中国传统倡导的忠孝仁义集于窦大夫，后又被追封英济侯，后世乡民祈求雨泽屡获感应，所以被历代百姓所铭记，并建祠以祀。

祠庙背靠烈石山，有旧晋阳八景之一的"烈石寒泉"遗迹，唐代李频曾到此游览，并题七言律诗《游烈石诗》："游访曾经驻马看，窦犨遗像在林峦。泉分石洞千条碧，人在冰壶六月寒。时雨欲来腾雾霭，微风初动漾波澜。个人若置羊裘叟，绝胜当年七里滩。"祠内现存碑刻载曰："庙之右有数泉，出于仓崖石脚间，旱焉不干，水焉不溢，湛然澄澈可鉴毫发……其地山川环抱，树木蓊郁，朝云暮霭，恒出于簷楹栋宇间"。2001年被列为全国重点文物保护单位。

窦大夫祠坐北面南，分内外院。自北向南中轴线上分布正殿、献殿、南殿（山门）、戏台，两侧有侧殿、配殿、厢房、钟鼓楼等建筑。其中现存南殿（山门）、献殿和正殿，整体上保留着金元时期建筑形制和风貌。正殿悬山顶五楹，与献殿连为一体，献殿似正殿龟头屋样建筑，面阔、进深各一间，平面呈正方形，面阔7.58米，进深7.62米，四角立柱均为圆形木柱，用材宏大，柱下置覆盆础。献殿内结构为八角藻井，均为斗拱层叠相楔而成，第一层和第二层为四边形，第三层及以上为八边形，是典型的斗八藻井。献殿为金元时期祭祀时，供献祭品、演出乐舞戏剧的重要场所。

现存戏台为前后复合形制建筑，前台单檐卷棚歇山顶，后台为硬山卷棚顶。道光十八年《窦公祠新建乐楼碑记》、光绪二十六年《重建乐楼碑记》载录此戏台新建和重修信息。前台三面观台口，后台硬山顶五间，五架椽，琉璃脊，筒瓦布顶。台上设隔扇，两侧辟上下场门。梢间外侧设砖砌八字影壁，只留西侧影壁。影壁顶部为悬山顶，砖雕檐椽斗拱，壁心浮雕"福"字，台基须弥座。后台南向面阔五间，明间置门，次间设窗，现已用砖封砌。左右山墙开小门，便于人员出入。乐楼与山门相距27米，剧场可容纳千余人。

窦大夫祠地处幽深，精湛的古建技艺和自然环境相融营造出一种人和大自然对话的氛围，汾河水由祠西山脚下向南流去，祠院与周围环境构成一幅中国传统的山水画，是研究我国古代建筑选址及生态环境的典型实物资料。

太原市古城营村九龙庙戏台

在太原晋祠不远处有个古城营村，是晋源区一座历史文化名村，只从村名便可猜测其或许与某座城有关。是的，从这里可追溯到一段厚重的历史篇章——古晋阳。今天，走在古城营村西的田间，依稀有一段五六百米长的夯土残垣，步行其间，又有谁能知道这段土垣掩着的是古晋阳的千年历史。走进今天的古城营村，你会发现一个奇特的现象，佛教、道教、天主教三种宗教文化并存，阿育王塔是村里的最高景观，与之隔街相望的九龙庙，巍然耸立的天主教堂，东西文化在村庄里形成了如此强烈的对比。历经千百年岁月的涤荡，今天的我们看到在这样的信仰氛围中孕育的一个和谐包容、宁静自在的村落生活图景。

还是让我们走近今天的目的地——九龙庙，庙址位于古城营村附近，古城营村位于晋阳古城遗址中心位置，号称龙城太原的"龙脉"之源，历史悠久，人杰地灵，具有深厚的历史文化底蕴。九龙庙坐东向西，始创年代不详。金大定六年（1166）重建，明嘉靖四十二年（1563）再次重建，隆庆五年（1571）铸造铁狮、铁盘，清乾隆、光绪年间都曾经重修。现存为单进大院，正殿、朵殿、配殿、井亭、山门和舞楼等保存完整，多为清代建筑。庙内碑刻无存。

庙为单进院，正殿单檐歇山顶五大间，恢宏气派。内部梁架为六架椽，副阶周匝，很有气势。内壁残留清代壁画。院内井泉名曰"济世泉"，当地人相信泉水能医治百病，遂供奉井神。九龙庙供奉的主神并非九龙，而是龙母，并以北齐高欢的娄皇后比附之。盖因娄后每孕一子都有奇异的胎梦，生前就有童谣称之为"九龙母"。《北齐书·神武娄后传》载："凡孕六男二女，皆感梦。孕文襄，则梦一断龙。孕文宣，则梦大龙，首尾属天地，张口动目，势状惊人。孕孝昭，则梦蠕龙于地。孕武成，则梦龙浴于海。孕魏二后，并梦月入怀。孕襄城、博陵二王，梦鼠入衣下。后未崩，有童谣曰：'九龙母死，不作孝。'及后崩，武成不改服，绯袍如故。未几，登三台，置酒作乐。"后来的古城营村民则主要来此祈子和求雨。

九龙庙戏台名曰"传真楼"，清代建筑，具体建造年代不详，亦由前后两座二层建筑组成。前一座建筑为歇山卷棚顶三间，五架椽，移柱造。台上三排圆木柱，用覆盆础。翼角加八角形木辅柱，八角素平础。檐下施雕琢华丽的垂花，梁头伸出雕为含珠龙头，下施垂莲柱。明间高悬"胜瀛洲"之匾。雀替雕作盘龙，龙爪伸至头上，静中似动。角科雕作含珠龙头之变体，仔角梁雕成云朵形。楼内六架梁平置于前后檐上，借助二童柱支撑四架梁，梁上再竖二童柱支撑卷棚顶的双脊。隔扇是近年新制的，"传真楼"匾悬挂于上方的正中，上下场门分别题写"阳春""白雪"，安装两扇板门。隔扇上画有花鸟。舞台通阔8.15米，其中明间宽4.6米，进深4.5米，平均柱高2.9米，台高2米。后一座建筑即山门，为悬山顶三间，其二层即为戏楼的后台，台上有门与前台相通，朝外辟有两道圆窗。这里化妆、演出、通行以及艺人临时住宿，都很宽敞，目前仍在使用。九龙庙庙会每年两次，一次在四月十五日，一次在七月十一日，实为晋祠大型祭祀活动"祭水母"和"圣母出行"的组成部分。

九龙圣母娘娘俗称九龙奶奶，是古城营村极为特殊的民间信仰，它植根于民众心底，历经千年而不衰。时至今日，每年的两次庙会和九龙圣母诞辰，都成为全村村民的盛大节日，不论是否出于对民间神祇的功利崇拜，最终都在岁月中化为对美好生活的向往和企盼。

阳曲县洛阳村草堂寺戏台

这里的洛阳不是我们惯常熟知的洛阳，而是位于山西阳曲县的一个村庄，正如中国大多数乡村一样，与洛阳相对应的还有个洛阴村，但村名始于何时已无从考证。今天我们要去的是洛阳村，主要是为这里的一处人文古迹——草堂寺。到了村里，村口的门楼上有副对联，"晋阳自古无双地，孟城始元第一村"，是的，又和晋阳联系了起

阳曲县洛阳村草堂寺明嘉靖十二年（1533）戏台正面

来，这里的孟城是阳曲旧称，阳曲古时曾称孟狼城，看到这里，不禁感叹这片土地久远的历史。

草堂寺位于村落东部，坐北朝南，两重院，现存戏台、山门、东西配殿、厢房及正殿。正殿供奉佛祖，东西配殿分别供奉着观音、文殊、普贤等菩萨，外院供奉娘娘。寺内现存明嘉靖十五年（1536）碑刻《重修草堂寺娘娘庙记》1通，碑文载，草堂寺元代时已经存在，至正元年（1341）、八年（1348）曾有过两次重修，嘉靖十二年（1533）专为酬谢娘娘盖乐楼。院内另有元代石狮一对及明代石幢1幢。

戏台位于外院，与正殿相对，是一座前后复合式建筑，较一般乡村戏台高大许多，戏台为嘉靖十二年（1533）的遗物，舞台内侧墙壁上还留有几则民国十六年（1927）、二十一年（1932）、二十二年

（1933）阳曲县五义园、寿阳县云福园等戏班子的题记，题记中只有演出时间和班主之名，没有记剧目，而且有许多字都已经漫漶不清。前台为歇山卷棚顶，后台为硬山顶，前后勾连，建在1.4米高的砖砌台基之上，灰脊筒瓦铺就。面阔三间9米，通进深六椽，7.1米。明间开间较大，面宽5.05米，移柱造。两道厚重的抹角梁斜置于台口大额和东西山柱之上，承托着由角梁、踩步金梁、前金檩、金枋和平梁搭交的结点。中柱与山柱连为一排，直撑脊枋和脊檩，柱间施以区分前后台的隔扇，隔扇之当心间已毁。前台内部三架椽，后台也是三架椽。檐下斗拱十二朵，形制均为斗口跳，耍头刻作龙头或象头，起装饰的作用。后台后墙的明间辟为一门，两次间则各开一道六角形窗，便于戏台通风采光。戏台两侧设八字墙，高2.05米，宽1.85米。西壁壁心刻"香山圣母""大明正德七年（1512）三月十五"等字。东壁琉璃壁心刻"香山圣母""文水县琉璃匠张士全、张士瑞，阳曲县匠人李昶"等字。旧壁上斑驳的题记让我们仿佛穿越时空，为在身边触摸历史的温度而欣慰。

晋中篇

榆次区城隍庙戏楼

晋中地处山西腹地，历史悠久，留下了160余处旧、新石器文化遗址，传说大禹时代"打开灵石口，空出晋阳湖"，使烟波浩渺的昭余祁薮，变成晋中的千里沃野。而历史长河在这片土地上留下了丰富多彩的文化，源于介休绵山的介子推传说与寒食节，和顺的牛郎织女传说与七夕节，王家大院、乔家大院等晋商大院分布各县，还有左权小花戏、祁太秧歌等民间艺术让这里散发着浓郁的文化气息。

榆次老城是晋中重要的文化景观之一，位于榆次老城内东大街的城隍庙，现存三进院落，自南向北中轴线上的主要建筑有山门、玄鉴楼、戏楼、献殿、正殿、寝殿，两侧钟鼓楼、东西廊庑、配殿等，布局严谨对称，排列井然有序。据文献载录，元至正二十二年（1362），由本县达鲁花赤帖木耳筹建此庙，当时已初具规模，因在县衙之东，规制如同官署公廨，故本地人称其为东衙。除钟鼓楼、戏台、献殿外，这里多数建筑仍属明代遗构。庙存明清碑刻3通，1986年被评为省级重点文物保护单位，1996年成为全国重点文物保护单位。

城隍崇拜由来甚久。城即城墙，隍谓护城河，城隍历来被认为是各府州县司民监政、护国守土之神。关于榆次城隍庙的创建与沿革，明嘉靖十四年（1535）"增修榆次县城隍显佑伯祠记"交代得比较清楚，碑曰宣德六年（1431）正月，县令以"庙貌敝陋"而迁之于县治

晋中市榆次区城隍庙戏台

东南，为正殿三楹，东西庑各三楹，山门三楹。成化十二年（1476）
三月，当地父老"复迁正殿于后，七八丈许为寝殿，新建显佑殿五楹
于前"。弘治七年（1494），"乃复经营为两庑二十八楹以翼之"。
弘治十年，"又于殿之迤南，当神道正中为阁，而两廊合抱焉"。正
德四年（1509），"于阁之迤南为门五楹"。正德六年，"起楼于阁
之北面，为作乐之所"，此即戏楼。清代又在外院两侧增建了钟鼓
楼，并在戏楼下创建了一座新戏楼。整体看去，高敞弘丽，合矩中
规，与当时的县衙相似。

　　山门为三门五间，歇山顶，琉璃脊，筒瓦。玄鉴楼二层，琉璃脊
瓦，重檐歇山顶三滴水，高达18米。面阔七间，进深六间。正殿五间，

单檐歇山顶，琉璃屋脊，筒瓦。清代在正殿南侧加接了卷棚顶抱厦三间，实为献殿。献殿进深六檩五椽，琉璃屋顶，圆木柱，覆盆础。

榆次城隍庙乐楼为歇山顶楼阁式，较为独特。清代在乐楼下方又建了一座戏楼，形成上下两个台口，在全国神庙里仅此一例。乐楼从玄鉴楼北端尾面延伸而成，与玄鉴楼共用一楼外木梯，两楼相通，通阔五间，进深4.5米，背依玄鉴楼但低下一层，构成高低错落的檐飞之美。楼上设平座，东西南三面施木栏杆，北面打开软门即面对正殿。乐楼之下，清代戏楼为歇山卷棚顶，单开间，三面观，台后两侧砌有悬山式八字音壁。戏楼面阔5.35米，进深5.9米，基高1.2米。台上两排圆木柱，大鼓镜础，通高2.9米。榆次老城城隍庙上下两座戏台的剧场形制，使得音响效果良好，名闻遐迩。据说慈禧太后当年建造宫廷戏楼，曾派专人到此考察。这已成为榆次人引以为傲的一件事。

介休市后土庙戏楼

介休位于山西省中部，汾河中游，自古就以绵山介子推祠墓、洪山鸳鸯泉、祆教堂而闻名，是汉末清流郭林宗、北宋宰相文彦博的故乡。后土庙建在市区内，是一组道教全真派古建筑群，坐北向南，三进院，殿宇恢宏，楼台壮丽。前院仍然供奉三清，后院专祀后土，西小院单奉子孙娘娘，东院曾是道院。主建筑除后土大殿外，还有三清殿、献殿、戏台等，均为明清遗构。2001年列为全国重点文物保护单位。

晋中介休市后土庙明正德十四年丁字形通道过路大戏台

　　戏楼位于后院，背靠三清阁，相当于三清阁背后的抱厦，二者为复合体建筑，有门相通，演出时三清阁后半部作为后台。戏楼距后土大殿17米，碑中载曰"献楼"者即此。戏楼面阔三楹12.8米，其中明间宽6.6米，进深7米，高2.5米。戏楼明间向前伸出，平面呈凸字形。两侧建有高大的八字墙，具有良好的扩音效果，叫作"音壁"。献楼和三清阁竣工于明正德十四年，有当年立的碑刻"创建献楼之记"。碑言后土庙旧有乐棚三间，因其敝坏矮窄不堪，正德十一年（1516）春，邑耆梁公等欲献楼广阔而重修之，奈城下有三清观，与乐棚相近，建楼愈高而神愈下，众皆以为不可。碑中描述献楼之美：

是楼也，上接云霄，下连中镇，金碧丹彩，覆檐深邃，则神有所依，洋洋乎如在其上，如在其左右也；人心以安，知所畏敬，而至诚足以感神明也。过客来宾，或奉祀，或登眺，东瞻汉郭林宗之巨冢，西睹唐助国圣母之神祠，宋文潞公之墓道，南观绵峰麓晋介之推之茂木，北望汾水之汪洋。孰不曰：美哉！斯楼诚一方之胜景也。[1]

献楼和三清阁是一座楼房从中间分开，前半部供奉三清，为神殿；后半部作演戏之台。三清神像高于戏台2.52米，体现了"神上而乐下"的礼制原则，与碑记完全一致。

三清阁为十字重檐歇山顶，献楼为单檐歇山顶，两侧音壁则是重檐，上檐悬山顶，下檐歇山顶，两侧的钟鼓楼又是十字歇山顶。这些建筑连成一片，只见高低错落、重重叠叠的翘角飞檐，再加上各个屋顶的黄绿红三色琉璃烧造的鸱尾、楼阁、宝塔、仙人、垂饯、脊兽以及开合俯仰的莲花脊筒、翼角套兽等，构成了辉煌壮丽的屋顶奇观，令人眼花缭乱。后土庙现存的二十余栋建筑中，都不同程度使用了琉璃作为装饰，这与当地久远的琉璃烧制传统密不可分，介休琉璃经过800余年发展，到明清之际，无论烧造技术还是艺术造型都达到了炉火纯青之境，创造了张壁古堡琉璃碑、北六武琉璃牌坊等诸多杰作，而后土庙建筑群是最具代表性的。

---

[1] 碑通高317厘米，宽87.5厘米，侧宽17厘米，正书，笏头方趺，额刻"创建献楼之记"6字，现存后土大殿东侧殿东墙外。

介休市洪山镇源神庙鸣玉楼

山西民俗信仰十分丰富多样，而在介休洪山镇有一座独特的庙宇——源神庙。从名字上大抵可猜测出此庙必与水相关，是的，这里的庙是与泉相关。源神庙依山势而建，著名的洪山陶瓷遗址也在此附近。源神庙创建是因为庙旁的鸑鸑泉很早便是介休全境水利之源。泉称作源泉，庙也以源神命名。源神庙正殿里供奉尧舜禹，以儒道之祖孔子、老子及历史上几位著名的水利专家孙叔敖、西门豹、郑国、李冰等配享。民间崇祀江河湖神并不鲜见，但以源神命名的却少，由此也可看出这水在当地的重要作用。

源神庙至迟建于北宋年间，供奉鸑鸑泉神。庙宇现存建筑为明万历十八年县令王一魁迁建，单进院带东跨院，有正殿、东西配殿、戏台、钟鼓楼、山门等建筑。庙外有蓄水池、干渠、支渠等水利设施。鸑鸑泉流量极大，源神庙历来为地方政权和群众管水、用水的中心，庙存宋元明清碑刻共28通，如记有宋代名相文彦博"始开三河"的功绩，又载有明代王一魁知县治理洪山水利的史迹等，当地水利管理部门便设在庙院之中。源神庙内宋大中祥符元年（1008）"源神碑记"载，至道三年"重建造神堂"，又说"民希献贺，官遽祷赛"[1]，表

---

[1] 碑高277厘米，宽94厘米，侧宽32厘米，正书，螭首龟趺，额篆"源神碑记"4字，进士赵珉撰，现立于正殿前。

明当时官府也参加源神庙祭祀活动，该庙祭祀已列入祀典。

正殿硬山顶五楹，灰脊筒瓦，琉璃鸱尾及瓦当。进深七檩六架椽，五架梁对前后单步梁。配殿悬山顶，两座各三楹，筒瓦，琉璃脊，琉璃瓦当及鸱尾，进深五檩四椽，带前廊。东殿供奉孔子，榜曰"礼授尼山"；西殿供奉老子（太上老君），门上横帔曰"上善若水"。

源神庙山门式戏台创修于万历十八年（1590）。戏台名曰鸣玉楼，面阔三间10米，其中明间宽4.2米，两侧台口宽2米；通进深8.7米，其中前台进深4.8米；台基高达3.6米。楼以"鸣玉"命名，据碑中说，是因为鹭鸶泉水"其声泠泠然，锵锵然，若理丝桐，鸣环佩也"。朝向庙内的称作乐楼，上层是舞台，舞台两侧还建有攒尖顶式的钟鼓楼。乐楼底层为券门五洞，中间一洞为过道，其余四洞砌封为窑，用作云房，旧为道士、居士、山人所居，现为办公室和管理人员休憩之所。据碑刻记载，源神庙戏台创建以后，曾于康熙二年（1663）、康熙四十九年（1710）、乾隆二十七年（1762）、道光八年（1828），予以全面维修。光绪三十一年（1905）重修戏台后台，补葺前台。光绪三十四年（1908），重新彩绘三面隔扇。宣统元年（1909），全面彩绘庙宇及戏台。最近一次大修是在1985年，源神庙及其乐楼再次焕然一新。

介休市三结义庙戏台

2019年12月中旬，我应《山西古戏台》纪录片导演葛岩先生之邀前往介休考察后土庙、源神庙、三结义庙、五岳庙等剧场。介休三结义庙原为祆教庙，位于介休市区东关，坐北面南，明代嘉靖年间改为三结义庙，庙内供奉三国蜀汉刘备、关羽、张飞三位结义兄弟，故称"三结义"庙。祆教俗称拜火教，传说由古代波斯索罗亚斯德创立，亦称波斯教，主要流行传布于中亚一带，因主张礼拜"圣火"，认为火是善和光明的代表，故名火教、火祆教等。大约在南北朝时期传入中国，据考古和文献记载，唐代长安已经有了祆教寺院。至元代"火

晋中市介休市三结义庙戏台

烧祆庙"是散曲和杂剧中常用的典故，用来比喻爱情受到打击和挫伤。三结义庙现存正殿、献殿、祆神殿、大戏楼、山门等建筑，多数为清代建筑，庙内现存碑刻十余通。1996年公布为全国重点文物保护单位。

三结义庙的戏台依附于祆教楼背后，歇山卷棚顶三间。四根粗大的圆木，自地面穿过二层台面直达屋顶，鼓礅础。柱上额枋、大额枋上无雕刻，枋下丁头拱承接龙头雀替。柱头科五踩双下昂，耍头变体，平身科各一攒，明间出斜拱。四架梁平置于前后檐斗拱之上，梁头伸出，雕作龙首。屋顶筒瓦覆布，琉璃脊，套兽，无脊檩，施罗锅椽，屋顶弧线优美舒畅。戏台通面阔11米，明间宽4.7米，前后台通进深11米，其中前台进深3.5米，台高2.2米，台上柱高3.4米。两侧设有八字墙，利于扩大音响效果，重檐，筒瓦，琉璃脊，墙宽7.1米。该戏台创建年代未可稽考，据碑刻载录可知为乾隆四十七年之前建造。庙内康熙十三年重修碑刻载，顺治十六年己亥（1659）四月初八日庙会期间祭祀后，忽起大火，"正殿、东廊、献亭、楼阁已尽作灰烬矣。其与鲁灵光同不朽者，则仅西廊数楹耳"。乾隆丙午年（1786）碑刻"新建献亭兼修殿庑乐楼记"载："然今庙貌虽存，献亭终缺，观者惜之"；又说："两楹、乐楼之倾坏，若听其颠危，而不为之振，虽献亭告成，亦科与弊袍立狐貉者比肩"。据此判断，三结义庙戏台在乾隆四十七年以前便已存在，当为火灾燃毁后重建之物，当然，后世二百余年，也经历了多次维护修缮。

平遥县城隍庙剧场

1997年12月3日，平遥古城被联合国教科文组织列为世界文化遗产，与云南丽江古城、四川阆中古城、安徽歙县古城并称为中国现存最为完好的"四大古城"。平遥县隶属于山西省晋中市，位于山西省中部，四周与介休、祁县、文水、汾阳、沁源等县市接壤。平遥是山西省的文物大县，有300多处古迹。城隍庙位于平遥古城东南部，坐北面南，现存三进院，带东西跨院，庙貌基本完整。自南向北中轴线上分别为牌楼、山门戏楼、月台、献殿、正殿、寝宫，两侧为钟鼓楼、廊屋、侧殿等。

城隍庙内有两座戏台。一座位于山门之上，是明清时期常见的山门戏台。一座是位于西跨院财神殿对面的戏台。据碑刻记载山门戏台创建于同治八年（1869），位于城隍庙中轴线上，坐南面北，重檐歇山顶，面阔五间，四周有回廊，无戏房，无看楼。屋顶琉璃筒瓦布顶，绿琉璃脊，鸱吻、垂兽、戗兽、套兽等一应俱全，当为近年修缮更换。山门戏台为砖木结构建筑，全用圆木柱，鼓镜础，檐柱直接落于地面，柱收刹、柱侧角、柱升起均不明显。柱上施大额枋，额枋下施雀替，浮雕八仙庆兽。斗拱五踩单杪单昂，平身科各一攒。次间、梢间额枋、翼拱、雀替上均有雕塑，龙凤、寿星、仙草、仙女等皆有，纷繁复杂，五彩斑斓。戏台通面阔13米，其中明间5米，通进深

14.3米，其中前台4.85米。前后台用隔扇分开，隔扇中央悬挂"昭格楼"牌匾。

财神殿前戏台，亦为山门戏台，硬山顶三楹，明间部分为抱厦伸出式，歇山顶一开间，山花向前，为主要表演区域，我国南方戏台多为此种形制。戏台西侧设戏房一间，为化妆和临时休息之地。台上两角柱为圆木通柱，鼓镜础。柱上施大额枋，额枋宽厚，下设雀替，雀替雕为龙形，盘绕于柱端。转角斗拱五踩双下昂，平身科斗拱一攒，出斜拱。二次间为乐床，分作文武场，外围有低矮的木栅栏。戏台底部为拱券门洞。台上设隔扇，上下场门题曰"海市""蜃楼"，顶部八卦藻井设计。戏台通面阔15米，其中明间伸出抱厦，面阔4.85米，进深3.25米，戏台主体前台进深4.8米，后台2.9米，台高2.25米。院内两侧设有东西看楼，硬山半坡顶，各五间，屋顶筒瓦覆布，琉璃剪边，琉璃脊。看楼通面阔14.8米，上层设1米高木栏板。

太谷区阳邑村净信寺明代戏台

太谷区位于山西省晋中盆地东北部。东北与榆次区相依，东南与榆社县交界，西南与祁县毗邻，西北与清徐县接壤。阳邑村是阳邑乡政府驻地，位于太谷区城东25公里处，因传说是春秋晋国大夫阳处父之邑而得名。净信寺在阳邑村西南隅，坐北面南，两进院落。自南向北中轴线上分别为影壁、戏台、天王殿、大雄宝殿，东西两侧分别为山门、廊屋、侧殿等。寺内供奉佛祖、观音、地藏、十殿阎罗、伽蓝神、灰泉神、白衣圣母、子孙圣母、四大金刚等。寺内保存大量明清泥塑、壁画，异常珍贵，两侧碑廊存碑30余通。

戏台是净信寺的主体建筑之一，重建于清道光四年，位于一进院落南端，坐南面北，为前后两座单体建筑的组合形制，前台为伸出式三面观台口。台基平面呈"凸"字形，面阔三间，进深三间，前台为单檐歇山式卷棚顶，后台为悬山顶，整座戏台全以孔雀蓝琉璃覆顶。柱头科为五踩重拱计心造，双杪双下昂，耍头昂咀为雕刻精细的龙首形;转角科亦是五踩重拱计心造，三杪双下昂与双杪单下昂交错，正头翘与斜翘上为三杪双下昂，昂咀耍头同柱头科。平身科前檐明间设三朵，梢间没有，两山亦为三朵，形柱作法与柱头科相同。拱结构翼角

晋中市太谷区阳邑村净信寺戏台

翘起较多，伸出较远。雀替为精雕细镂的木刻二龙戏珠，两侧八字形排楼式影壁，单檐歇山顶，九踩重昂，斗拱昂嘴纤细灵巧，在全国戏台当中罕见。檐下有匾，上书"神听和平"，字用生铜铸造，十分精致。

站在戏台中央向前看，第一进院子宽敞对称，正对面是三佛殿。两棵绿柏立于殿前，恍惚间，脑海里竟然出现了乡人庙会看梆子戏或太谷秧歌的场景，台上丝竹入耳，吼声震天；台下人头攒动，杂音四散。时至今日，戏楼没有了初修时的亮艳，却守在原地越发深沉，守护着寺中昔日的辉煌。

吕梁篇

石楼县殿山寺村圣母庙元代戏台

石楼县位于黄河东岸，是革命老区，20世纪30年代开始就是红军兴起和活动的地方，红军东征纪念馆就在石楼县城东的岔沟村。说到石楼的历史，这里曾出土了商代青铜器龙形觥，是山西博物院的镇馆之宝。今天我们要说的是一座全国最小的元代戏台，戏台位于山西省石楼县张家河乡殿山寺村圣母庙。庙址在村南2公里处的山塬上，盘山而上，少有人家，林寂鸟鸣。庙宇整体坐北朝南，沿中轴线为两进院落，依次建山门、钟鼓楼、戏台、东西厢房、正殿和东西配殿，除戏台为元构外，其余均为清代建筑。

庙宇创建年代不可稽考。庙内单进院，上下二重，中以白石勾栏隔开，正面设有台阶，现存正殿、东西配殿和窑洞等建筑，庙貌比较完整。2013年确立为全国重点文物保护单位。正、配殿前是一平台，平台中央立一香炉，还有一个石灯。石灯为五层石件的结合体，石灯上有"大元至正七年建"等字。正殿内壁上，有彩笔画出的碑形题记三条，一条头行写作"时大清国康熙伍拾贰年（1713）岁次癸巳季秋玖月吉日建，谷旦，经理缁素李通"，以下全是人名。一条于末行题为"时大清国康熙伍拾贰年岁次癸巳季秋玖月吉日建立，谷旦，经理功德主缁素李通叩化"，题名有前一条的四倍之多。还有一条题写"时大清国康熙伍拾贰年岁次癸巳季秋玖月吉日建，谷旦"，题名人数与前一条大体相等，都记录了正殿一次较大规模修葺的时间。

戏台创建于元代至正七年（1347），这是目前发现的元代舞楼中最小的一座。坐南面北，单檐歇山顶，一面观。镜框式台口宽5.25米，进深5.15米，平面为方形。台基高1.5米，宽6.5米，侧宽6.35米。四梁八柱，全是圆木柱，高2.8米，其中有四辅柱。柱侧角明显，撩檐桁下加撩檐枋而非替木。柱上普拍枋、阑额，伸出柱外，断面成丁字形。每面斗拱四朵，计心造四铺作单下昂，部分为假昂，令拱抹斜，耍头蚂蚱头。衬方头伸出，刻瓣。斗拱立面高约0.6米，不足柱高的1/4。四转角斗拱三缝，由昂上已无宝瓶。仔角梁套兽之下的铁铎还在，在风中叮当作响，传遍山野，增强了庙宇的神秘气氛。屋内梁架结构比较简单，四角的抹角梁承托着角梁，角梁后尾承托着采步金梁，平梁上用叉手、合踏、蜀柱支撑顺脊串，手法与其他元代建筑基本相同。金桁之下固定一碗，内画八卦，则是今人所为。过去，这座舞楼的台基两侧曾经加宽，上面紧贴舞楼两侧墙体加盖了两座单间耳房，使整座舞楼从正面看去颇有重檐之势。耳房做化妆间，有小门和舞台相通。人们还在前檐增加了两根木柱，将开间变成三间，同时也起支撑檐出部分的辅助作用。当地民众自从知道这是一座很有文物价值的元代戏台之后，维修时便拆除了后人增加的部分，恢复了它的原貌。现今庙会只用它演唱敬神戏，大戏则到新建的戏台上表演。

正殿内正中有三个神祇，供奉三位女神，均用木牌书写神名。后土圣母居中，统领诸神；子孙娘娘居右，负责人类的繁衍；痘母娘娘居左（痘，木牌错写为豆），预防、治疗小儿疾病，皆端坐捧笏。身旁各有二女侍，手捧印信或香炉、贡品、妆盒等。东墙小神台上塑一女神，单腿盘曲，左手持卷，右手提笔。西墙小神台上也有一女神，抱持扎着红兜、赤裸下体的男婴于腿上。后土神厨前面的空地上，站立一位手捧牙笏的女官。神厨上布满天宫楼阁和仙人之木雕，色彩鲜艳，完好无损。仙人手中持物各不相同，其中有几位手持琵琶、笙簧等器乐的，正在为天帝演奏，然表情呆滞，身体僵硬，作者的技术、手法并不高明。正殿彩塑造型丰富，形象逼真，或头微垂，或目光含情，极富神韵。在人物造型、衣饰等方面透露着明代风格，是我们研究古代艺术的宝贵财富。

临县碛口黑龙庙戏台

2021年10月23日，在中国艺术职业教育学会会长李力先生的召唤下，我从太原出发，陪同该会副会长张虹女士和青岛市委宣传部考察人员一行，乘车直奔碛口古镇。巧的是，车上坐着吕梁文化和旅游集团老总王成君，见到这位和我同龄的老朋友，也使我想起好多好多事情，有了许多感慨。说起来，我对碛口古镇还是比较了解的。1996年底，我就担任过碛口古镇所在的临县文体委副主任，见证过碛口古镇几十年的开发历程。记得第一次到碛口，就是前面所说的1996年，乘坐的车满车泥沙，从县城来这里的路坎坎坷坷，有些路段可以说就不是路，颠簸得人浑身难受，有晕车的感觉。到了碛口，经临县道情剧团团长渠全民介绍，见到了负责开发碛口的临县副县长——年轻的王成君。转瞬之间，26年过去了，如今的碛口古镇，早已经路途通畅，旅游秩序井然。不仅是古镇，就是临近的李家山等地，也已经开发得有模有样、规模空前。特别是李力先生主导创作演出的实景演艺《如梦碛口》，在省城宣传营销煞是成功，口口相传，多少人翘首以待，想来碛口一观。幸运的是，23日晚，我成为2021年《如梦碛口》最后一场演出的观众（天冷难演，第二年春天再见）。虽然现在也冷了一些，但艺术氛围之浓厚，冲淡了寒冷的侵袭。其实，我这次的私心是参观考察黑龙庙戏台。第二天，天公作美，陪同大家来到了位于碛口古镇最中央位置而且是最高点的黑龙庙。

黑龙庙位于镇东北卧虎山巅，为商家集资而建。庙院坐东北而面

吕梁市临县碛口镇

西南，分上下两重。庙内中轴线上分布正殿、月台、山门舞楼，两侧东西侧殿、东西配殿、看楼、戏房、钟鼓楼等，均为清代遗构，庙貌完整，存清代及民国碑刻4通。

山门为单檐歇山顶三大间，背后出厦为二层，重檐歇山顶三小间，底层是山门门楼，上层为化妆间。山门三门，左门额曰"流霞"，道光癸卯年（1843）题，作者自署"考亭"。右门额曰"拱秀"，亦癸卯春题，作者自署"晦翁"。平柱楹联："物阜民熙小都会，河声岳色大文章。"横批："神宫宝界"。落款是"道光癸卯仲春，郡人崔炳文撰并书"。边柱楹联："山河砺带人文聚，风雨祥甘物气和。"是知州王继贤于道光乙巳（1845）秋撰写并手书。

正殿为硬山顶三大间，灰脊筒瓦。殿门六抹四扇共三道，每门正对一神，正祀龙王，分祀风伯、河伯（黄河之神）于左右。现只有黑龙神像，是1993年新塑。两侧殿硬山顶，各三小间，带前廊。据道光二十七年（1847）知州王继贤《卧虎山黑龙庙记》载，左殿供奉财神，右殿奉祀金龙、仓官、白虎神，俱商家所崇信者。如今改为左祀华佗，右祀财神。

山门内观是戏台，单檐歇山顶，黄绿琉璃脊筒瓦覆布，琉璃方胜，琉璃剪边。距正殿19米，舞台通阔三间8.6米，其中明间宽4米，前台进深4.2米，后台深2.4米。台高2.5米，台前有木制护栏，高20厘米，前后台用隔扇分区。上场门曰"挖雅"，下场门曰"扬风"，隔扇正中题为"鱼龙出听"，亦道光癸卯秋八月知州王继贤题。

黑龙庙剧场的观众席，既有看楼还有看台，而不设正面的看亭。看楼二层各三间，本地人称作观戏楼，硬山卷棚顶，灰脊板瓦，有小门可直接步入钟鼓楼的平台。看台设在窑洞式配殿的屋顶。黑龙庙剧场音响效果非常好，唱戏时可以声闻数里，有"黄涛共鸣，湫水助唱"之奇效。山门舞楼创建于雍正年间（1723—1735），但庙貌基本完备于乾隆年间的扩建工程，所以王继贤碑说"此庙创始于乾隆初"。碑中记载道光二十三年（1843）秋到二十六年夏大修、彩绘之后说："其庙制之壮丽，结瑶构琼，图云画仙，台雕榭镂，横对阁连"。民国五年（1916）时，人们又觉得"惟下院乐楼较正殿轩高，体制不合"，于是"先从正殿经始，掀高四尺余，木石之朽者易之，坚者仍之。此外，风神、河神、财神、仓官以及金龙大王，下至乐楼，重施丹腰，焕然改观"[1]。

　　伫立黄河岸边，回首昔日繁华，马帮驼队穿梭往来于码头街市，黄河卵石铺就而成的道路留下的是一队队行商足迹，往昔繁华消散，而今碛口古镇及附近村庄又焕发出新的生机。

---

[1] 碑高222厘米，宽88厘米，侧宽18厘米，正书，笏头方趺，额篆"昭永垂"3字，现立于正殿廊下。作者自署"北京国立大学文科学士、临邑冯相汝敬撰"。

交城县卦山天宁寺戏台

交城县位于吕梁山东麓，山西省中部，晋中盆地西缘，北枕吕梁，南带汾河，东据太原，西临方山、离石。卦山位于县城以北3公里处，属吕梁山脉，因山形如卦象而得名，群峰环抱，断续开合，有"卦岳爻峰"之称，位居交城十景之首。山上古迹，除天宁寺外，还有石佛堂、圣母庙、地藏殿、三教堂、卦山书院、文昌阁及朱公祠等。唐李商隐，宋欧阳修，元耶律楚材，清初顾炎武、傅山、朱彝尊等，都曾经到此游览。

卦山天宁寺坐北朝南，由天宁寺、石佛堂、书院、朱公祠、圣母

交城卦山天宁寺戏台

庙、文昌宫等六组建筑组成，另外还有环翠亭、戏台、华严塔、墓塔林等附属建筑。有殿堂楼阁200多间，建筑面积4000多平方米。天宁寺三进院布局，按其山势梯次升高，现存石牌楼、台阶、山门、千佛阁、月台、大雄宝殿、毗卢阁等建筑，多为明清时期所建。庙存唐碑、明正德间铸造的铁碑、历代重修碑10余通。

大雄宝殿建在中院，单檐悬山顶五间，九檩八椽，筒瓦盖顶，绿琉璃剪边。山门悬山顶五间，四架椽，灰脊筒瓦覆盖，悬挂着宋代著名书法家米芾亲笔书写的"第一山"之匾。

圣母庙俗称奶奶庙，是天宁寺的附属庙宇，位于寺东，供奉子孙圣母，专为善男信女求子而设。

天宁寺戏台建在庙外，山门前大路对面的偏东处，因地形限制，不在中轴线上，和圣母庙山门、大殿遥遥相对。戏台卷棚顶三间，六檩五椽，移柱造，建在东高西低的山坡上，和左右各一间卷棚顶的耳房共用一座台基。耳房作为专门的化妆间，正面原来应有可以拆卸的软门。戏台于1984年曾经落架大修，部分构件业已更换，其基本形制和风格并未改变。台上圆木柱三排，覆盆础，后脊柱间安装隔扇。舞台内部，四架梁对后三架梁，梁上借助覆斗式驼峰承接三架梁，三架梁上再竖二童柱，加角背，支撑双脊，双脊上端则用月梁相连，结构简洁而又牢固。隔扇明间正中上方，悬挂"式歌且舞"之匾，上下场门的门额分别题作"刻商""引羽"。戏台通阔8米，明间4.8米，通进深6.8米，平柱高2.7米。台基东西高低不等，取其中间则高1.1米。

后台辟有一窗，光线比较明亮。戏台耳房建筑比较简单，四根圆木柱，覆盆础，撑起屋顶。面阔2.8米，进深4米，柱高2.5米。

同治二年（1863）《重修天宁寺碑记》载："至道光二十有四载（1844），邑侯黄兰湖先生登山瞻礼，悯寺之将圯，非复向者仅仅补救之可以就功也，则慨然为鼎新之计。"于是："自佛阁、佛殿、诸神堂室及两庑迄山门与阶级，皆撤其旧而新是。建其寺左之圣母庙、朱公祠，逮乐榭、僧寮、社宇、库厨，罔不补偏葺敝，焕然改观。""是役也，经始于道光乙巳（1845），告成于咸丰壬子（1863），费取诸众募之资，与积年山中枯柏所售之价。"[1]碑中的乐榭就指戏台。

当然，有戏台就是要唱戏，每年庙会都要唱大戏。庙会时节，正在小麦黄熟时期，卦山庙会历来以传统文化庙会的形式举行，在保持祭祀活动的同时，逐渐融入了五花八门的文化娱乐活动，近几年卦山庙会又成了吸引人们来此旅游的文化招牌，越来越多的游人将卦山选定为节假日出游的目的地。

文水县则天庙戏台

文水之名的由来，据县志记载，是因县境文峪河（旧称文谷水、文水）水波多纹而得名。在中国传统的文化认识中，水有着滋养孕育

---

[1] 碑通高254厘米，宽88厘米，侧宽17厘米，正书，笏头方趺，现立于大雄宝殿廊下。

吕梁市文水县南徐村则天圣母庙戏台

的力量，一个地方有水也就有了灵气。文水并不是一个有名的县，很少有人知道这里是中国唯一一位女性皇帝——武则天的故乡。关于则天女皇的历史是史俗并载。在文水关于则天女皇的传说故事更是代代相传，民间对女皇崇祀日久。

则天庙位于南徐村之北，武则天庙的正式名称是则天圣母庙，当地也称则天水母庙。始建于唐代，位于县城北5公里处，307国道东侧，南徐村之北。南徐村在民国以前名为徐南村，是武则天的故乡，至今还有武家山、武家廓、武辕城等和武氏相关的地名，属城关镇。庙存单进院，有正殿、左右朵殿、东西配殿、山门舞楼、钟鼓楼、碑廊等，庙貌比较完整，其正殿是金代经典建筑，庙存碑刻12通。1986年进入全国重点文物保护单位的行列。

则天圣母庙改称则天水母庙，是在康熙年间。改名的主要原因，在官方，是要借此贬低武则天的历史地位，降低她的影响；在民间，则是一种应付官府的智慧，巧借新名来酬谢武氏给后人带来的水利之德，保住庙宇。南徐村东南有小河名曰泌水，传说即自武氏故宅深井中流出，汇入文峪河，再汇入汾河，沿河村落历代尽享其灌溉之利。自此，死后的武则天竟以"水母娘娘"的身份，进入民俗神系中。

山门三门，正门兼作舞楼，硬山卷棚顶三间，灰脊筒瓦覆布，墀头无雕刻。檐下斗口跳，耍头变体，当心处高悬"则天圣母庙"横匾。纪念馆人员介绍说，此匾系明代遗物，比较珍贵。底层建门楼一间，用两根圆木柱、鼓镜础撑起悬山顶。柱头科斗口跳，两侧加翼拱，平身科惟一攒，形制相同。东西两山平板枋、大额枋直接插入墙中，省却后坡及两根后檐柱，门楼内设拱形门洞。二侧门设在钟鼓楼的台基下，拱形门洞安板门二扇，都是近年重建的。

正殿坐落于院之正北，单檐歇山顶三大间，六架椽，气势比较雄伟。屋顶灰脊筒瓦，举折平缓，不设前廊。圆木檐柱砌于墙内，素平础，柱收分、柱侧角、柱生起都很明显。普拍枋伸出柱外，断面垂直截去，不假雕饰，阑额不出头。斗拱用材宏大，出檐较深远，皆偷心造五铺作，单杪单昂，昂为宋代流行的批竹形，耍头为金代习用的昂形，无补间铺作。斗拱之上用替木，而不是通枋，也是金以前的手法。四转角皆三缝，出批竹形45度由昂、斜昂。殿身通阔12.6米，明间宽4.5米，进深10米，基高0.75米。一门二窗，窗为直棂，门楣上有门簪三枚，门砧上雕有卧狮。殿内用减柱法，只有后金柱两根，置于神龛之后，给人以无柱之感。四角不施抹角梁，六椽栿、四椽栿、平梁，逐层叠置，自六椽栿向两山各横施两道丁字梁，结构十分简洁，内部空间高阔舒适，可同时容纳数十人祭拜。门上原有一联："回头一笑百媚生，万国衣冠拜冕旒。"上联取自白居易的《长恨歌》："回眸一笑百媚生"，改换一字；下联将王维《奉和圣制暮春送朝集使归郡应制》的"万国仰宗周，衣冠拜冕旒"二句合一。门联概括了这位女皇既妩媚动人，又刚毅果决的个性，歌颂其帝王风范，惜于民国初年遗失。门楣上刻："皇统五年（1145）置。"此殿为金代遗构无疑。

殿内神龛也是金代遗存，歇山顶，全木结构，建在青砖神台上。砖薄而宽，明间开敞，次间安隔扇。四根方形抹角木柱，撑起上檐，檐下如意斗拱单杪双下昂，六铺作，拱面抹斜，耍头蚂蚱头。衬方头伸出，断面垂直截去。明间上方附着一条悬塑的金龙，作行走状。龙头小，脖颈长，顾瞻身后，与宋以后流行的龙的形状很不相同，此系唐代造型。这条行龙是有寓意的，是武则天女性称帝的象征。龛内神像是1995年的新作。

则天圣母庙戏台建在山门背面门洞之上，六檩五椽，移柱造。台上竖立圆木柱三排，鼓镜础，柱高2.93米。六架梁直接伸出柱外，刻作三幅云，两侧加翼形拱。平板枋下，明间阑额比较宽厚，两次间的则较窄小，故于其下施一由额，阑额与由额之间，垫以雕花云子墩。两侧由额穿过平柱，伸出的部分雕作龙头。舞台通阔9.85米，其中明间宽4.47米；通进深8.74米，其中前台占4.8米，台高2.31米。台上六架梁上竖二童柱，加角背，支撑四架梁；四架梁上再置童柱二根，加角背，支撑双脊。后脊之下设圆木柱一排，安装隔扇。后台面积较小，用作化妆间尚可，住宿则不方便，须在庙内另行安排。这里四面无窗，白天演戏也须点灯，是其缺陷。台上存放神轿七乘，是过去迎神使用的。

这是一座简易型的山门舞楼式剧场，没有耳房，也没有看楼。舞台内墙上，留有多达71条旧戏班的题记。题记涉及的戏班多达34个，从这些题记中可以看出，当时在山西省中部的汾阳、祁县、太谷、平遥、清源、文水、介休、孝义等地活跃着的戏班数量极为可观，提到的中路梆子剧目70余种，是研究清中叶以后山西戏曲班社及其祭祀演剧史的宝贵资料。

武则天庙的戏台始建年代不详。现存最早提到戏台的碑刻是乾隆三十四年的《重修水母庙碑记》。碑有"神妆殿宇，廊庑堂阶，以及乐楼等项，皆焕然一新"等语，可知立此碑之前戏台即已存在。光绪十八年（1892）的《重修圣母庙碑记》，又提到光绪十五年"大兴土木数月之暇，残者修，缺者补，倾者兴，坠者举，正殿、飨庭、东西配殿以及钟鼓乐楼、围垣、社房"等，此前此后戏台的维修情形，今已无法知晓。飨庭即享亭，即献殿，建国后已被拆除。

则天圣母庙的庙会时间，据其舞台题记，可知清代多在五月初六、七、八日，以初七为正日。民国则改为四月的初六、七、八日，也以初七为正日。庙会改日的原因不详。

阳泉篇

阳泉市新泉观戏台

　　阳泉是一座美丽的山城，拥有丰富独特的旅游资源。著名的有风景奇丽、气候宜人的藏山，太行重要关隘娘子关，山西第一泉——娘子关泉群等。人文旅游资源以历史悠久、名胜众多为基本特征。阳泉具有光荣的革命传统，狮脑山遗址是1940年举世闻名的"百团大战"主战场，1947年5月2日阳泉解放，著名诗人郭沫若曾欣然命笔咏叹："人事有代谢，往来成古今。江山留胜迹，我辈复登临。"

　　新泉观位于阳泉市小阳泉社区（原为小阳泉村）一处高冈上，地

阳泉市新泉观戏台

处狮脑山北麓，北临桃河，东与南山相望，西与北岭坡相接。随着城市的发展，村民都变成了市民，原村落现已不复存在，只剩下这座饱含历史意蕴的庙宇。该观为单进院布局，始创年代无考，坐北向南，现存正殿、侧殿、配殿、山门、钟楼和庙外乐楼等，为清代建筑风格。庙存清代碑刻7通。

正殿为硬山窑洞式无梁殿三孔，有门无窗，插前廊。殿内正面神台上供奉三清。正殿东侧是观音殿，东配殿供奉关帝，均为硬山顶。山门为二层悬山顶，二层屋顶的垂脊前，又加一小戗脊，略带飞檐。门上题曰"新泉观"。山门之上建钟楼，楼内置大钟一口。钟楼东西两侧之下，各有一个平台，是山门两侧耳房的屋顶。庙院生长着一株古槐，需六人围抱，可见新泉观的历史悠久。

新泉观戏台建在庙外，坐南面北，虽距本观稍远，但与正殿保持在同一中轴线上，表现出演戏以答谢神灵为第一原则。台前是一条东西走向的马路。戏台前台为卷棚顶，后台为半坡悬山顶，两部分组合在一起。屋顶灰脊筒瓦，垂兽完整。前台明三间暗五间，六檩五椽，檐柱为粗大的方形小凹角砂石柱，素平础。平柱高于角柱，故其明间高大敞朗。柱头大额枋上，有一些戏曲故事的木雕，损毁严重。斗拱用材很小，均为装饰性的斗口跳，耍头麻叶云，坐斗两侧附加雕花翼拱。舞台梁架皆用自然弯材，稍加砍削而成。六架梁上竖童柱加角背，支撑四架梁。前后台用砖砌的隔断分开，隔断中间留空，施以隔扇。上下场门与隔扇之间有二金柱，三架梁一端插进金柱柱头，另一端置于后墙砖垛上，完成前后台的组合。舞台通阔8.3米，其中明间宽5.5米，通进深6.8米，台高1.1米。庙内康熙九年《新建乐楼施过钱粮开存》碑[1]，记载了乐楼创建的相关事宜，结合乐楼形制的建造手法判断，现存戏台仍是康熙九年之遗构。

新泉观是三神合一的庙宇，老君庙、关圣殿、观音殿，虽然三位神明都有自己的庙会，但据老村民们说，小阳泉村通常只过一个庙会，是关老爷的庙会，在阴历的六月二十四。这个时候天气炎热，百姓正可借此机会走亲访友、休闲娱乐、消暑纳凉。而另外二神的庙会都在正月里，此时天寒地冻，缩手缩脚，人们又忙于过年，受到客观条件的制约，慢慢就不过了。

平定县娘子关大口村关帝庙戏台

"娘子关"之名，曾被金代元好问写入《游承天悬泉》一诗中："只知晋阳城西天下稀，娘子关头更奇崛。"据传唐初时，李渊的女儿平阳公主李秀宁曾在此驻守。平阳公主率领的军队被称为"娘子军"，驻守的关隘亦被称为"娘子关"。名字虽柔，但此关的确是一座英雄关。现存的关城主体结构为明代建筑，娘子关号称"万里长城第九关"，为历代兵家必争之地。平定向以固关（新关）、娘子关、旧关一带的古长城遗址著称。其中尤以娘子关名气最大，娘子关现存

---

[1] 壁碑，高40厘米，宽72厘米，正书，全是人名，嵌于山门北墙上。

东门和南门，东门保存较好，砖券拱门匾额题曰："直隶娘子关"，非常醒目。南门则是1986年重建的，原为硬山顶，名曰宿将楼，重建时改作重檐歇山顶，檐下悬挂着"天下第九关"之匾，门额大书"京畿藩屏"。大口村即在南门内，在城墙、关楼和高山的包裹之中，全村现有居民200多人。

宿将楼三间，灰脊筒瓦布顶。关帝庙即位于宿将楼的东侧。庙院很小，现存正殿、东西配殿、厢房、戏台等，庙宇东西仅有3.8米，南北纵深20米。庙门正对钟楼，钟楼之后还有一座简易的山神殿。戏台则面向正殿而建，台前一小块开阔地就是观众席。庙院的狭窄和不规则的整体布局，均是受有限的地形和地势限制。庙内现存明清碑刻10余通。

平定娘子关大口村关帝庙戏台

戏台创建于康熙十年（1671），歇山卷棚顶三间，灰脊筒瓦，背后出厦，为半坡顶戏房三间。台内五架椽，前檐用方形抹角石柱，素平础，柱子底部连以石板制成的矮护栏。柱上施额枋、大额枋，斗拱三踩单下昂，耍头三幅云。平身科三攒，惟明间出斜拱。角科施由昂，由昂上施平盘斗和宝瓶，支承老角梁。平柱楹联曰："舞袖翩跹，影摇千尺龙蛇动；歌喉婉转，声撼半天风雨寒。"角柱楹联曰："虚迹作实，假笑啼中真面目；摹情正景，新声歌里旧衣冠。"舞台通面阔5米，通进深8米，前台5米，后台深3米，台高1.2米。台上设新制的隔扇，上下场门使用板门。庙内现存康熙十年《关圣庙碑记》云："新盖戏楼三间"[1]，可以判断其建造年代即为康熙十年。

"楼头古城楼边寨，城外青山城下河"，如今的娘子关分外柔美，一边是清流滚滚的桃河，一边是连绵雄伟的绵山，娘子关雄奇俊美，静静矗立，古寨街道清爽整洁，踏着城边台阶上去，关帝庙、玄武阁、戏台等建筑依山而建，形成一处优美的人文自然景观。

---

[1] 碑身高130厘米，宽62厘米，侧宽20厘米，正书，螭首方趺，首高64厘米，趺高42厘米，额篆"建修碑记"4字，现立于正殿前。

长治篇

长治市潞安府城隍庙明代戏台

长治市潞安府城隍庙山门舞楼

　　城隍——古代神话传说中守护城池之神。老百姓把城隍爷视为城市的保护神。长治城隍庙又称潞安府城隍庙。秦始皇所置三十六郡，其中之一的上党郡即为今长治市，隋曾于此地置潞安府。苏东坡曾说"上党从来天下脊"，素有"得上党可望中原"之说，长治是一座有着几千年历史的文化名城。

　　明代城隍信仰达到极盛，朱元璋大封城隍神，用意为"使人知畏，人有所畏，则不敢妄为"。按照明代对城隍的分封，潞安府城隍庙的城隍算是"监察司民城隍威灵公"，官阶为正二品。

潞安府城隍庙始建于元至元二十二年（1285），明弘治五年（1492）、清道光十四年（1834）重修，距今已有700多年的历史了。该庙位于长治市北大街庙道巷，坐北面南，三进院，现为城区文博馆。自北向南沿中轴线分布寝宫、水池、大殿、二道山门舞楼、一道山门，两侧侧殿、配殿、厢房耳楼等数十间建筑，庙貌保存完整。2001年公布为全国重点文物保护单位。

舞楼位于二道山门之上，过路台，坐南面北，单檐歇山顶，三面观，移柱造。后台为山门上层，歇山顶，高于戏台，有层次感。台上圆木柱，覆莲础。柱上施大小额枋，小额枋与雀替相连，浮雕腾龙、狮子、牡丹等。柱头科斗拱，七踩单昂双翘，昂嘴象鼻形，耍头刻作三幅云。平身科明间一攒，次间两攒，皆为七踩单昂双翘，明间出斜拱三缝，出翘刻一条整龙。前台深四椽两间。通面阔三间12.53米，其中明间5.4米，进深6.27米。戏台柱高3.03米，下层高2.58米，两侧耳房各三间。据庙内道光十四年《重修潞安府城隍神庙碑记》，庙"创于元而续修于明"[1]。正脊火珠下琉璃方瓦铭文"丙辰造重修""大明嘉靖岁次乙卯""戊子月大吉利"，可知舞楼至迟于嘉靖三十四年（1555）已存。

论全国最大的城隍庙，也许大家会有点陌生。不过对于长治本地

---

[1] 道光十四年《重修潞安府城隍神庙碑记》，碑存献殿内，笏首方趺，正书，碑高278厘米，宽71厘米，侧宽27厘米。

人来说，他们马上会脱口而出——潞安府城隍庙。因为这是他们茶余饭后休闲和散步的地方。这个坐落在长治市区的城隍庙不仅规模大，而且贯穿其中的元明清建筑风格也是值得人们细细观摩的部分。

潞城区西白兔乡中村崔府君庙剧场

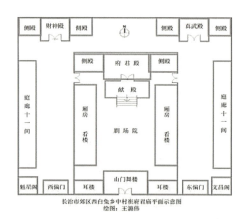

长治市郊区西白兔乡中村崔府君庙平面示意图
绘图：王鹏伟

据《山西文物地图集》记载，山西共有府君庙20座，长治地区现存有13座府君庙，府君庙中供奉着曾在长治及周边地区为官的崔珏。崔珏在任期间为官清廉，兢兢业业，为当地百姓做了很多好事，崔珏断虎、崔珏受封等传说故事世代流传，他所在任的地方百姓纷纷立祠祭祀崔珏，希望这位清官永保一方平安，并逐渐演变为山西东南部和河北南部地域性的神。

中村地处长治市北郊，隶属西白兔乡，现有居民500余户，1600余人。申姓为村中大姓，村中现有申家大院，家族以从商为多。崔府君庙实为以崔府君庙为主庙的一个庙宇群，坐北面南，现存前、后、东、西院殿庑上百间，分别供奉府君、马王爷、三峻爷、真武大帝、财神爷、魁星、文昌帝君等数十位神灵。庙会为每年农历七月十八，期间上演大戏三天。存碑两通，一为乾隆五十四年《开光布施碑》，一为中华民国八年《重修府君庙乐台功德主乐输碑》。2011年确立为长治市郊区重点文物保护单位。2012年进行了整体修缮。

献殿三楹卷棚顶，与正殿相连。屋顶筒瓦覆布，垂兽、仙人等俱为近年维修更换。明间额枋前悬挂"府君殿"匾额。圆石柱，须弥座，鼓镜础，束腰处浮雕狮子、麒麟等神兽。柱上施大小额枋，小额枋两端浮雕飞龙，下部与雀替相连。柱头科，三踩单下昂，耍头三幅云。平身科明、次间各一攒，三踩单下昂，耍头蚂蚱头。进深三椽，三架梁上置双童柱，撑起双脊檩，脊檩上施罗锅椽，拱起卷棚顶。双脊枋下施垂花柱，柱间置穿插枋。献殿楹联："神德如天名同天地

长治市潞州区西白兔乡中村崔府君庙

久，帝恩似水心知水泉情；繁庶沾神恩万世香烟燃，云雾献祥瑞了然俎豆声。"

山门舞楼，歇山顶三楹，灰脊筒瓦布顶，宝阁、鸱吻、脊兽、垂兽、戗兽、套兽俱存，多为近年修缮更换。圆石柱，鼓凳础，柱头施大额枋，额枋下施雕花雀替，明间雕为象鼻形，次间为骑马雀替，雕作腾云飞龙。柱头科，三踩单翘，出斜拱，五缝，整朵斗拱雕作龙形，耍头雕作龙首。平身科，明间三朵，三踩单翘，中央一朵形制同柱头科，两侧耍头雕作麻叶云头。次间两朵，三踩单翘，耍头麻叶云头。进深六椽，七架梁、五架梁、三架梁叠垒，中间施以童柱、驼墩。台上施木质隔扇，为近年更换。上下场门分别雕刻"出将""入相"，正中匾额题字"蓬莱仙阁"，隔扇上刻有《醉翁亭记》等文。戏台后墙两侧各辟圆窗，以便于采光。戏台两侧山墙后侧各辟方形门洞，可入两侧耳楼。东西耳楼硬山顶各三楹，屋顶灰脊筒瓦，做戏房之用。舞楼下层辟方形门洞三孔，作为庙门。山门舞楼通面阔10.72米，其中明间4.5米；进深5.8米，其中前台3.6米；柱高2.65米，其中柱础高2.65米，基高2.15米。一层中间门洞高2米，宽1.85米，两侧门洞宽1.65米。耳楼面阔5.6米，进深4.8米。舞楼楹联："小舞台可家可国可天下，寻常人能文能武能鬼神；一曲阳春唤醒古今梦，两班面目演尽忠奸情。"

潞城区李庄村武庙金元风格舞楼

　　李庄村位于潞城区东约10公里处，村内现有全国重点文物保护单位2处，一处为村东的武庙（关帝庙），一处为村西的文庙[1]，可见潞城区李庄历史文化底蕴之深厚。其中位于村东的武庙（关帝庙）院落

潞城区李庄武庙舞楼

---

　　[1] 金兴定五年（1221）史良臣撰写《感叹王备兴缘碑》，现嵌于潞城区李庄文庙正殿次间窗下壁内，壁碑，碑高59厘米，宽60厘米。光绪版《潞城县志》载元至元二年（1265）碑刻《李庄重修宣圣庙记》曰："金太和中（1201—1208），潞城东有里曰李庄，豪族王备、李格者，新治学舍，为礼殿，其中绘从祀弟子于两庑，规模如度，为里中弟子弦诵之地，今百年矣。"《山西府县志辑考·潞城县卷》，凤凰出版社，2005年版，第41册，第446页。

中央矗立着一座金元风格舞楼，为研究宋金元神庙演出场所提供了又一重要实证，具有重要的历史研究价值，非常珍贵。该舞楼为近期新发现，《中国戏曲志·山西卷》《中国戏曲文物志》《中国戏曲文物通论》等相关志书皆无收录。

李庄武庙坐东面西，庙院整体呈东高西低之势，自西向东中轴线上分布有山门戏台、舞楼、献殿、正殿，两侧为戏房、厢房、偏门、配殿、侧殿等，庙院建筑整体保存完整。1991年7月被列为潞城县文物保护单位。2013年5月被列为全国重点文物保护单位。

从现存建筑形制和风格综合考量，庙院中央的舞楼具有金元风格，正殿建筑的梁、柱当为元、明遗构，斗拱等构件清代雕饰风格明显，其余配殿、厢房、山门戏楼等皆为清式建筑。

舞楼位于庙院中央，距离献殿8.76米，距离正殿14.34米，距离山门戏台13.5米，距离两侧配殿、厢房2米。亭式结构，四面观。各部位形制结构如下。

基座形制：正方形，青石造砌，边长7.43米。东侧基高0.75米，西侧基高1米。东西两侧分别辟有内缩式石质踏道，宽1.58米，是出入舞楼的重要通道，东侧5阶，西侧7阶。

主体结构及部件：舞楼四面透空。四角立圆形木柱，用材硕大，四根木柱柱径在55—62厘米之间，柱高2.8米，间距（柱中测）3.95米。柱础为原石露明础，无任何凿痕。柱上施阑额、大额，伸出柱外，垂直截去，两者断面呈T字形。四转角铺作置于大斗之上，皆五缝，五铺作双下昂，耍头皆作昂形，正、侧面五铺作双下昂，耍头亦作昂形，正心慢拱隐刻。正、侧面出45度双杪，耍头蚂蚱头。补间铺作每面一朵，皆三缝，置于大斗之上，五铺作双下昂，耍头作昂形，正心慢拱隐刻，出45度双杪，耍头蚂蚱头。

内部藻井结构：四根宽厚的大额置于柱头，构成第一重方井。四转角铺作耍头后尾与补间铺作耍头后尾共同承接第二重方井。四转角斗拱后尾托起抹角梁、老角梁及老角梁上的井口枋，形成第三重方井。每一入角处施斗拱一朵，补间亦一朵，托起四面踩步金檩。四面踩步金檩上皆立童柱，四角各施阳马一条，斜着向屋顶中心收束，构成第四重圆井。阳马交会点施以雷公柱，四面踩步金檩下正中各施吊柱一根，檐下斗拱耍头后尾插入其中，结构牢固。

顶部式样：单檐十字歇山顶制，筒瓦覆布。正脊、垂脊、戗脊、鸱吻、垂兽、套兽俱全，但部分为新补构件。

舞楼创修的确切年代不可稽考，但从其建筑格局、遗构形制及建筑构件等方面判断，金元风格甚为明显。我们可以根据冯俊杰先生《中国古戏台的断代问题》中总结的"五看法"及长治地区现存金元木构建筑特征来一一比较[1]，以做出科学合理的判断。李庄武庙舞楼属于元代建筑中的"衰退型"，从以下几个方面可以明显看出：

一是柱础与柱子的变化。元代柱础多露出地面，柱子已由宋金的

---

[1] 冯俊杰：《中国古戏台的断代问题》，《戏剧》，2013年第2期。

方形石柱逐渐易为圆形木柱。李庄武庙舞楼柱础为原石露明柱础，柱子为未加工圆木柱，柱础与柱子雕琢痕迹也很少，以使用天然原材为特色，这与元代风格完全契合。

二是铺作特征。据贺大龙先生总结的长治地区元代"衰退型"建筑特征看，元代斗拱用材有缩小趋势，且用材尺寸略有混乱；柱头铺作、补间铺作皆出斜拱；令拱、瓜子拱、慢拱，甚至替木都斫制成斜面，这些都成为元代木构建筑的时代特征。李庄武庙舞楼斗拱用材上相较宋金斗拱略有缩小，非按《营造法式》用材尺寸规范，转角铺作、补间铺作皆出斜拱，且拱面多斫成斜面，等等。这些都显示出李庄武庙舞楼的元代木构建筑特征。

通过上述分析对比可知，李庄武庙舞楼为一座元代木构建筑当无疑。当然，近些年虽然对其进行了修缮，但其元代建筑风貌依然保留，此舞楼为古建筑、古剧场等领域的研究提供了重要的实物证据。

平顺县九天圣母庙佾舞亭

平顺县九天圣母庙院落中央的佾舞亭为宋代神庙舞亭遗构的重要代表。庙中遗存的《潞州潞城县三池东圣母仙乡之碑》明确记载了"创起舞楼"之事，碑刻现存于平顺县九天圣母庙佾舞亭内。此碑刊立于宋建中靖国元年（1101），碑高178厘米，宽79厘米，螭首龟趺，正书，额篆"圣母仙乡之碑"。碑载唐代名将李靖狩猎迷路，投宿于一朱门大第，实为九天圣母之府（相传九天圣母在天为玄妙玉女，在地为太乙元君，是太上老君的母亲），"得圣母重赐之筵，驾祥云□太虚之天，兴雷雨涤中华之国"，并极力赞美圣母"永助寰区，普令乐业"之威灵。内有"创起舞楼""修舞楼老人苗庆、刘吉、秦灵……"等记载。

神庙中剧场之设，自肇始以来便与戏曲有着不解之缘，其形制、布局的变化无不与戏曲演出有着密切的关联。上党地区及河东万荣的几座剧场，都属神庙内的附属建筑，这种剧场形式与汴京瓦舍中之勾栏存在较大差异，是为了迎神赛社时供馔献艺。宋代神庙中"舞亭""献楼"等献演场所的兴建，标志着中国神庙剧场建设进入尝试阶段。

宋代神庙剧场建筑现无遗存，但从碑刻载录、庙宇规制布局、宋代

平顺县九天圣母庙俏舞亭

建筑遗存及金元舞楼形制等方面综合考量，可大致做出推断。冯俊杰先生在《古剧场与神系神庙研究》中言："宋代戏台的建筑特征，应该是四角立柱的亭子式结构，歇山顶或十字歇山顶的单体建筑，建筑平面近于正方形，举折平缓，出檐较深，内顶一般为斗八藻井。角柱粗壮，多用盘龙柱，柱侧角、柱收刹明显，习用覆莲础。斗拱的立面高度接近柱高的1/3，用劈竹昂，耍头蚂蚱头。整座建筑用材宏大，结构严谨，风格典雅壮丽。"他从宋代戏台个体建筑特征进行推测，认为其是平面近似正方形，四角立柱，歇山或十字歇山顶制的独立建筑，并总结出一系列细节特征。车文明先生在《北宋'舞楼'碑刻的新发现》中言："它（宋代舞楼）建在神庙正殿前的庭院中，正对正殿，建在有一定高度的台基上，是一种周边立柱，上有顶盖，四周或前后檐无墙的建筑。"延保全先生在《宋金元时期北方农村神庙剧场的演进》中言："作为演出区的'舞楼'或'俏舞亭'平面呈纵向长方形，四面透空，紧靠正殿，距离山门也很近。其作为观众区的庙宇空间主要不在纵向两端，而是在庙院的两侧。"以平顺东峪九天圣母庙俏舞亭为主要分析对象，从观演视角推测宋代神庙剧场的整体布局及舞楼的概貌。

上述推测不无道理，但由于近年来宋代神庙及其剧场碑刻史料有了新的发现，所以对宋代神庙剧场的进一步分析考证非常必要。由于宋代神庙及其用于演剧的"舞楼式"建筑碑刻载录多发现于上党地区，故宋时上党神庙剧场具有一定的代表性。上党地区宋代神庙剧场暂未发现露台及瓦肆勾栏等相关史料载录；再者，文献载录的露台形制变化极不明显。就上党地区而言，宋代神庙剧场处于草创阶段，称谓、形制、布局、规模等均无定式，具有一定的尝试性。

平顺县侯壁村夏禹神祠元代坛台

奔腾湍急的浊漳河在流经山西平顺县境时，有一处水势平缓、河岸宽阔的地带，被称作太行水乡。水乡风景区中段，河谷南岸的高坡上，有一个古老的山村——阳高乡侯壁村。侯壁村位于平顺县东北方向20余公里处，这个依山傍水的古老山村历史悠久，最自豪的是拥有夏禹神祠和回龙寺两处全国重点文物保护单位。2019年，侯壁村又被列入第五批中国传统村落名录。随处可遇的古建筑，如千年之前的先人一样，归隐林泉，朴实无华，却诉说着这里的历史。夏禹神祠位于侯壁村北侧的大禹垴上，为村落的制高点。祠坐北朝南，一进院，沿中轴线自南向北有影壁、山门舞楼、须弥座坛台、正殿，两侧有戏房（耳楼）、厢房、配殿等建筑。院东西宽18.27米，南北长32.08米。2006年5月被列为第六批全国重点文物保护单位。

坛台紧靠正殿基座，位于明间正前方。石质须弥座，雕刻精美，近似正方形，东西两侧靠正殿基座各有垂带踏跺两处，用于登台出入正殿。须弥座月台束腰上原有精美的浮雕，人为损坏，辨别困难，有飞龙、舞凤、卷草、神兽、人物等内容。东南角、西南角力士只存轮廓。上下枭雕作仰俯莲花。月台面宽3.25米，进深2.45米，高0.96米。其中圭角高0.17米，上下枋高0.22米，束腰高0.35米。踏跺高0.96米，宽1米。须弥座坛台上刻字"元至元二年"，由于元代有两个至元年号，分别对应1265年、1336年，该刻记又无干支纪年，故无法确定其属于哪个至元二年。据坛台在庙院中的位置判断，当为祭礼赛社活动中祭拜神灵的重要场地，台上是否表演歌舞戏曲，现不可考，但亦有可能作为象征性的娱神表演场所。

在当地的民间传说中，夏禹神祠和回龙寺与纪念唐代的魏徵——一位有恩于一方百姓的贤臣良相相联系，村民为了纪念魏徵惩治腐败、减免赋税、赈灾救民的德政，就在魏徵住过的鼋滩茅屋处修建庙宇一座，供奉祭祀，并且把宣布赈济措施的农历三月二十四那一天，定为祭祀日。传说故事具有深刻的警示教育意义，通过每年一度的社火庙会活动流传至今。

平顺县侯壁村夏禹神祠元代坛台

平顺县豆口村大庙元代坛台

坐落于太行山深处，浊漳河畔，晋冀豫三省交界处，距今已有1500多年历史的古村落——平顺县石城镇豆口村，每年农历二月二都要举行传统的"二月二庙会"，闹社火、唱古戏、敬神灵，祈求平安吉祥、五谷丰登。庙会期间，戏班名角应邀而至，商贩货郎不请自来，本村艺人争相献艺，吸引了山西、河北、河南三省交界地带的百姓扶老携幼云集这里，素有"百里水乡，三省交界第一会"之说。豆口村位于平顺县城东北30公里处，村子深居太行山腹地，背山面水，"横漳水而带行山，枕龙门而控凤壁"，隶属石城镇。现保存基本完好的古建多为明清建筑，老宅至今仍是村民们的栖身之所，20多处寺、庙、堂、径、关等古迹遗址散落于村中，其中以圣源王庙（也称大庙）最为壮观。

大庙坐北面南，位于村中最高点。现仅存山门舞楼及雕刻精致的元代坛台。坛台位于庙院中央，须弥座式，青石砌就，四周浮雕花卉、卷草、神兽等。台宽3.25米，侧宽2.55米。高90厘米，其中上下枋各高15厘米，浮雕冬青卷草；上下枭各高10厘米，浮雕仰俯莲花；束腰部分高41厘米，两侧浮雕牡丹等花卉，正面浮雕三团腾飞的巨龙，均衡排列，以浮雕花卉作背景。坛台东南角束腰正面铭刻"至元六年三月初一，林州石匠王家造"；西南角正面铭刻"正德三年七月初一

平顺县豆口村大庙元代坛台

日，维那张天禄、岳秀、赵资、张喜"，侧面铭刻"张得宽、赵□、张文秀"。坛台创建于元至元六年，当无疑。因为就坛台的形制规模来看，与不远处侯壁村夏禹神祠正殿前的坛台极为相似，且侯壁村夏禹神祠坛台砌凿年代亦为元至元年间，至于正德三年题名当为后刻铭文。据光绪版《潞城县志》载："夏王庙在豆口里。""崔府君庙在平顺乡东关及豆口、乐圣诸村。"很有可能这座所谓的大庙即夏王庙。

据村志记载，圣源王庙建筑规模庞大，十八级青石台阶直通山门，拜殿面阔三间，大殿正面敬奉着玉皇大帝，左右两侧是十八尊各路龙王爷的站像，现仅存十八级台阶和山门，还有高高耸立在东券之上的关爷庙，供奉着关云长。拜殿和正殿建于明崇祯二年（1629），殿宇对面是一座三开间的戏楼，每年阴历五月十三为关老爷唱戏。如今，徘徊在豆口的村巷、老屋、古迹间，踩在石板铺成的巷道上，清脆的回音愈发衬出这片远离城市的"桃花源"的幽静与恬然。

平顺县马家山村苍龙庙山门舞楼

马家山村位于平顺县西北20公里处。苍龙庙又有龙王庙、昭泽王庙之称，位于村东北方向石砌高台上，坐北面南，一进院，现存正殿、侧殿、山门舞楼、耳楼等。庙内尚存清代残碑2通。

山门舞楼为硬山顶三间，移柱造，灰脊板瓦，鸱吻、垂兽断毁严

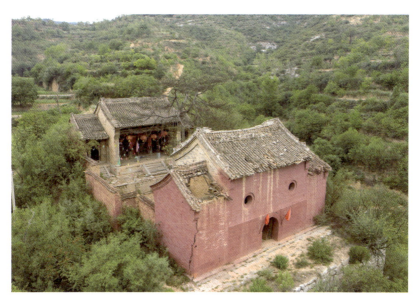

长治市平顺县马家山村苍龙庙全貌

重，进深六椽。石砌台基，西侧裂痕较为严重。台上竖方形小抹角石柱，高2.35米，用须弥式方凳础，柱上楹联曰："桐叶封国周天子也曾如此，牛刀割鸡鲁圣人岂不这般。"柱上施平板枋、阑额，雀替已不存。阑额上雕有牡丹、仙草等。平板枋上施斗拱七攒，其中明间三攒，五踩双下昂，昂首马蹄形，耍头蚂蚱头；次间各一攒，角科一攒，形制皆与柱头科相同。金柱间安装隔扇，以区分前后台。隔扇上下场门额分别为"水中""明月"。舞台内部七架梁上施童柱、瓜柱、童柱、瓜柱装有穿插枋，省却五架梁，童柱承载三架梁，三架梁上再施童柱、叉手，共同撑起脊枋、脊檩。舞台后台两侧山墙各辟一拱券门洞，可通两侧耳楼。耳楼硬山顶各一间，灰脊板瓦覆布，进深四架椽，为艺人化妆、临时休息的主要场所。舞台通面阔7.8米，其中明间阔2.8米；通进深5.6米，其中前台深4米；基高2.2米；耳楼面阔2.6米，进深3.2米。

舞台及东西耳楼墙壁上留存了大量的自清道光以来的舞台题记，分别记载了演出时间、戏班名称、戏班属性、演出剧目、相关演员等内容，是研究清代后期上党地区神庙演剧活动的重要资料。

从这些题记中可知，道光间上党同义班、兴盛班、堆金班、坤元班、万盛班及潞城县的林盛班、黎城县的配盛班等，都很活跃。咸丰间的三元班、百乐班，同治间的双盛班，光绪间的小西村福胜班、相王宅有聚班、黎邑下村发义二班、复乐班、兴德班、南堡庆驾会、路堡庆元会、平顺实会自乐班、潞邑漫流王家庄兴盛班，以及未标县名的堆金班、同乐意、岐盛班等，均能演出大量剧目。从这些剧目看，当时上党五大剧种"昆、梆、罗、卷、黄"似乎都有。

黎城县城隍庙明代戏楼

　　该庙位于黎城县正街与河下街相交的丁字路口，坐北面南，原两进院，现一进院，为县文博馆所在地。现存正殿、山门舞楼，两侧角门、配殿、厢房数十间。1996年被列为山西省重点文物保护单位。

　　山门舞楼，位于庙院南端，俗称"三节楼"，因其楼顶形制为歇山重檐三滴水，故名三节，屋顶琉璃覆顶。独特之处在于其台口朝向庙外街口，较为完整地保留了明代建筑风格。门楼并无通向街道的

黎城县城隍庙舞楼

路，中间以墙分割，明间为门，南面敞开为戏台；北面次间为屋，可作戏房，明间为过道，可作后台。楼三层，底层南向，面临广场，辟为戏台。圆木柱，素平础，斗拱五踩双昂，耍头三幅云，第一二层柱头科、平身科各一攒，第三层只有柱头科。额枋与平板枋断面呈丁字形，顶部设纵横楞木，铺木板。次间大抹角梁，砖墙较厚，楼两侧建山门。通面阔三间12.35米；其中明间4.1米；通进深两间12.35米；檐柱高4.08米，南向台基高2.6米。城隍庙始建于明洪武二年（1369），据庙内嘉靖三十一年《重修城隍庙门楼记》碑，门楼重建于嘉靖十八年，康熙《黎城县志》卷四亦有载录[1]。据冯俊杰、车文明先生考述，该庙明代已有两座舞楼，一为庙院之中"享厅前乐楼"，一为门楼上朝向庙外的舞楼[2]。黎城县城隍庙明嘉靖三十一年（1552）《重修城隍庙门楼记》载录，嘉靖岁贡平西知县黎邑靳惟精撰文，碑云城隍庙乃"国家祠宇，昭载祀典"，官方性质明确，嘉靖十六年县人典膳官连芳、王骞即图再建，"罔敢擅，率具状以请县侯，可之，遂捐资，首事疏布"。可见城隍庙的修缮权完全掌握在官方手中，民间亦可募资修缮，但必须由官方认可。迨功竣之后，靳惟精夸赞曰："天下城隍皆有庙，庙必有门，门未必皆有楼也。惟兹黎庙之门有楼"，此楼今存，其一层为朝向庙外的戏台。

---

[1] 嘉靖三十一年《重修城隍庙门楼记》，碑文载康熙《黎城县志·艺文志》，《黎城县志五种》之二。

[2] 车文明：《中国古戏台调查研究》，第90页。

襄垣县城隍庙明代戏台

襄垣县位于太行山西麓，上党盆地北缘，属丘陵半山区。襄垣历史悠久，有2400多年的建城史。公元前455年，赵襄子筑城于此，故名襄垣。古有宝峰晴雪、凉楼盛观、仙堂旧隐等八大景观。该庙位于襄垣城内育才巷，襄垣第二小学院内，坐北面南，现存山门、钟鼓楼、舞楼、寝宫，庙貌已不完整。2007 年被长治市人民政府公布为市级文物保护单位。

舞楼位于中部，坐南面北，前后组合式，前为表演区，十字歇山顶，单开间，三面观。后为戏房，悬山顶制，三开间，明间砌墙，次

襄垣县城隍庙舞楼

间辟门。脊施琉璃，绿琉璃筒瓦覆布，鸱吻、垂兽、戗兽、套兽俱存，多为近年修缮时更换。前台角柱为四根粗大的圆木柱，素覆盆础。柱上施大小额枋，相交于柱头，伸出柱头，垂直截去，断面呈丁字形。每面斗拱五朵，六铺作三下昂，正心瓜拱隐刻，拱面抹斜。转角铺作各一朵，补间铺作各三朵。补间铺作中间一朵出斜拱五缝，耍头作昂形，两侧耍头麻叶云。后台前檐角柱头施斗拱六铺作三昂。平柱间斗拱与前台后檐斗拱合二为一。前台斗拱内转华拱，撑起八边井口枋，施垂柱。井口枋上施斗八藻井，共八层，顶部中间施雷公柱。后台深四椽，前台面阔进深均一间，5.15米见方；后台通面阔三间7.35米，进深两间5.5米。台基高1.35米，前檐柱高2.6米。据乾隆四十七年刻本《襄垣县志》卷七明郝良臣《城隍庙碑记》，明嘉靖三十四年（1555）重修时庙内就有作乐楼。庙内存有万历年间《重修城隍庙乐亭两庑记》载："无何两庑、乐亭□倾瓦毁，栋宇榱檐浸为风雨摧剥。"[1]从前台建筑结构看，保留了不少元代戏台风格。

襄垣县下良村东岳庙明代舞楼

下良村位于襄垣县北部15公里处。东岳庙踞村西北高冈之上，坐北面南，现存正殿、侧殿、西厢房、舞楼、西耳楼，损毁严重，庙貌已不完整，未被确立为任何级别的文物保护单位。

---

[1] 万历年间《重修城隍庙乐亭两庑记》，碑存鼓楼门洞下，笏首方趺，碑高188厘米，宽77厘米，侧宽26厘米。

襄垣县下良村东岳庙舞楼

　　舞楼为歇山顶三楹，坐南面北，一面观，移柱造，明间宽阔，次间窄小。灰脊筒瓦布顶，鸱吻、垂戗、脊兽、仙人等已不存。台上粗大的圆木柱，素平础，柱上施额枋，下施由额。斗拱四铺作单下昂，昂嘴已不存，耍头亦被锯掉，据其残余部分判断，应当为龙头。进深四椽，五架梁伸出柱头，上置蜀柱，支撑平梁，平梁上再置蜀柱、角背撑起脊枋、脊檩。后台金柱下设两木柱，以区分前后台，原有木质隔扇，隔扇现已不存。两侧次间原有软门，为文武场之乐池位置，后部则是艺人等候上下场之地。后墙两次间各辟一方窗。东侧次间台基下设石砌台阶，供艺人上下。台西有耳房，悬山顶，坍塌严重，原是艺人们化妆休息之所。通面阔8.76米，其中明间5.25米；进深3.6米，其中后台1.34米；柱高2.54米，基高1.73米。从舞楼整体形制特征及建造手法判断，应属明代遗构。

沁县牛寺乡南涅水村洪教院戏台

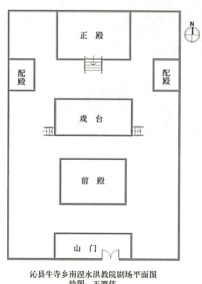

沁县牛寺乡南涅水洪教院剧场平面图
绘图：王潞伟

沁县位于太岳山与太行山之间，"北控晋阳，南襟潞泽"，古有"上党北门锁钥"之称，是晋东南通往晋中的咽喉之地。南涅水村位于沁县东北30公里处，属牛寺乡管辖。1959年著名的南涅水石刻便发掘于洪教院大雄宝殿之后，先后出土各类石刻造像2139件，石刻雕凿于北魏永平元年（508）至北宋天圣九年（1031）。有造像、石塔、单体造像、碑铭等内容。单体造像有佛祖、菩萨、罗汉、百戏伎乐等，雕凿精湛，体态各异，体现了北魏至北宋500余年的风格演变，且多有题字纪年，为研究这一时期佛教相关社会历史文化面貌提供了重要参考资料。石刻现存沁县城南二郎山南涅水石刻馆与山西博物院两地，有北魏延昌二年（514）、北魏神龟三年（520）、北魏孝昌三年（528）、北齐天保四年（554）、北齐皇建二年（560）、北齐武平元年（570）、北齐武平六年（576）等[1]，相关碑文记载为断定石刻雕凿年限提供了重要依据。

洪教院位于村落中部，原沁县南涅水供销合作社院内，坐北面南，三进院。现存正殿、过厅戏台、前殿、东西侧殿等建筑。洪教院创建年代不详，金大定九年（1169）敕赐"洪教院"匾额，现悬挂于大雄宝殿。庙存至元八年（1271）《洪济院记》、乾隆十七年《重修洪教院碑记》、中华民国十年（1921）《重修洪教院碑记》等碑刻5通，是了解洪教院及南涅水历史文化面貌的重要参考资料。

正殿建于高台之上，悬山顶三楹，屋顶灰脊筒瓦覆布，宝瓶、鸱吻、垂兽俱存。圆木柱，素平础，柱升起、柱侧角、柱收刹均很明显。明间装实榻板门，门楣施门簪四朵，次间置破直棱窗。柱头五铺作单杪单下昂，琴面昂形，耍头作昂形。进深六椽，殿内置金柱四根，柱上置四椽栿对前后札牵，金元风格明显。正殿脊枋题记曰："时大清康熙四十年岁次癸巳月丁丑日奉直大夫知沁州事张兆麟、儒学学正王昇猷、将仕郎吏目冯口、沁阳驿驿丞王兆翔、募缘善友耿登科吉时仝立。"正殿下金枋题记曰："公元一九七三年四月重修南涅水大队革命委员会常委支书冯春亮，主任冯雨元，会计冯贵德，付（副）支书郭秀文，付（副）主任贾俊成，协贫主任崔忠维、胡月旺、胡水旺、冯廷华、冯晋贞、崔成元、崔忠庆，委员崔德旺、胡林旺、冯玉希、崔满庆、冯水

---

[1] 高蒙：《图塔与礼佛——南涅水石刻佛塔的调查与研究》，中央美术学院2012届博士学位论文。

山、冯守信、秦宪维、石存书。工人：石匠吴锡岭，木匠徐传书，泥水匠楚合起，铁匠常书孩，画匠冯庆书、冯庆安。"

前殿为水陆殿，悬山顶三楹，屋顶举折平缓，出檐深远，灰脊筒瓦覆布，鸱吻、宝瓶、垂兽皆存。圆木柱，素平础，柱升起、柱侧角、柱收刹明显，柱上施阑额、普拍枋、柱头四铺作单下昂，耍头作昂形，无补间铺作。后檐柱头四铺作单杪，耍头作龙头。

舞楼位于大雄宝殿与水陆殿之间，与正殿相对，坐南面北。悬山顶三楹，灰脊板瓦盖顶，脊施鸱吻。台上南北通透，舞楼后檐设木制格窗。台上圆木柱，鼓镜础，柱上施大小额枋，移柱造。柱头科、平身科均不施斗拱。舞楼后檐金檩下置金柱，中间设木质隔断，区分前后台。两侧山墙南向后檐出廊部分为艺人上下入口。进深五椽，五架梁对后单步梁，台面青砖墁地。舞楼脊枋题记曰："时大清乾隆十三年岁次□□月丁巳初三日……"舞楼通面阔7.5米，其中明间3.2米；进深5.9米，其中前台4.9米；台高0.5米。

舞楼创建年代不详，庙内乾隆十七年《重修洪教院碑记》载："迨庚午岁闲步来游，甫入其门，而见焕然一新，亭亭独秀者歌楼也，旁瞩其垣见巍然在望，登登相应者版筑也"[1]，与舞楼脊枋乾隆十三年题记相吻合，先修舞楼，后勒石贞珉。所以，洪教院内兴建专门的演剧场所至迟在乾隆十三年，比高平市大粮山定林寺晚了十余

---

[1] 乾隆十七年《重修洪教院碑记》，碑存沁县牛寺乡南涅水村洪教院大雄宝殿内，尺寸未测。

年。可见，乾隆年间上党地区剧坛演出繁盛，对佛教寺院兴建剧场起到了一定的助推作用。可见，剧场在佛教寺院中的建置布局，由寺院住持及寺院空间地形两方面因素决定。中华民国十年（1921）《重修洪教院碑记》载："仅关帝庙、伽蓝、诸佛菩萨、韦陀、鬼王、天王各殿，以及禅房、社室、山门戏台，一切墙壁，朽者新之，坏者补之。又改二院廊房下厨，皆为社舍。外院新建廊房五间，马房下厨共五间……"[1]对戏台进行了重新修缮，且专门设置了社舍、廊房、厨房、马房，寺院演戏时，为戏班艺人及马匹提供了临时休息驻守的场所。

沁县牛寺乡南牛寺村净土庵戏台

南牛寺村位于沁县北部20公里处，隶属牛寺乡。现有162户，430余人，村落耕地、林地总面积3000多亩，多以务农为生。净土庵位于村中部一个土冈上，坐北面南，一进院，属佛教庵堂，曾有尼姑在此修行。现存庙貌基本完整，正殿、侧殿、配殿、山门、戏楼等俱存，但残毁严重。庵内存碑4通，是了解净土庵历史沿革的重要依据。庙会为农历三月十五。

正殿悬山顶五檩，屋顶灰脊筒瓦覆布，鸱吻、垂兽等已不存，屋檐损坏严重。圆木柱，鼓镜础，柱上施大小额枋，小额枋下施雀替，镂空雕作卷草。进深六椽带前廊，五架梁对前单步梁。殿内原供奉佛

---

[1] 中华民国十年《重修洪教院碑记》，碑存沁县牛寺乡南涅水村洪教院戏台上，尺寸未测。

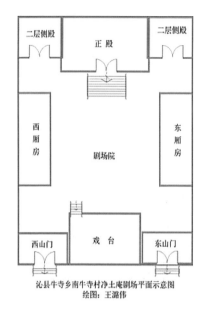

沁县牛寺乡南牛寺村净土庵剧场平面示意图
绘图：王潞伟

祖释迦牟尼。

东西侧殿为二层楼式建筑，悬山顶各三楹。圆木柱，素平础。下层梁头直接伸出，梁头装护朽。上层圆木柱，柱间施木质护栏，现已不完整。柱头置大小额枋，不施斗拱。梁头伸出，置于柱头。进深四椽带前廊，两侧配殿已非原建筑。

山门为二，东西两侧各一间二层阁楼式建筑，悬山顶，灰脊板瓦盖顶，圆木通柱。上层装有木质软门，柱上不施斗拱。

舞楼位于东西山门中间，悬山顶三楹，屋顶灰脊板瓦覆布。台上圆木柱，鼓镜础。柱础之间原装有护栏，高约20厘米。柱上置大小额枋，不施斗拱，梁头伸出，进深四椽，五架梁通搭前后。五架梁上置双童柱，撑起三架梁，三架梁上再置童柱、叉手，撑起屋脊。后台金柱下设木质隔扇，两侧辟有上下场门，东侧门额曰："云横"，西侧不存。戏台西山墙处有题记仅能识别"业余剧团"等个别字迹，其余皆已无法辨认。舞楼通面阔6.18米，其中明间3.18米，进深4.78米，基高1.53米，柱高2.46米。院落东西宽12.5米，南北深11米。

据庙内碑刻载录，该庙乾隆二十六年之前名曰龙王庙，之后改称净土庵，乾隆二十六年《无题碑》载："爰是村村中有起意，住持王斗珠，功德主舍地人等，亦伊风化之善士也，但恐失其所依，因而慨发善心，各捐地亩不一，喜舍于本村龙王老爷庙，□伊高隐，以为一村同志者之纲领也。□□拟难逆，遂拒彼寓此，而改其庙曰净土庵。于中暮鼓晨钟□觉旅邸名利之忧，怀经声佛号唤醒尘寰迷梦之苦"[1]。舞楼创建至迟在道光九年，道光九年《南牛寺净土庵重修记》载："将正殿五楹，改为青瓦□□，山门二设，改为钟楼鼓阁，其余廊房、僧院以及柏乐台，一切重修。"[2]清末最后一次修缮应该在光绪二十六年，光绪二十六年《重修净土庵略记》载："迨至道光初年重修，迄今七十余年。前所修之者，不过微补东西廊房以及钟鼓乐楼而已，将正殿五楹甬瓦插飞常见凋零之状，金容玉彩更有倾圮之甚焉。"[3]

沁源县善朴村东岳庙戏台

沁源，因沁河之源而得名，古为冀州之域。沁源县历史悠久，文物古迹众多。东岳庙位于善朴村东北隅，临赤石河而建，坐北面南，

---

[1] 碑存沁县牛寺乡南牛寺村净土庵西侧殿廊下，壁碑，碑高56厘米，宽76厘米。

[2] 道光九年《南牛寺净土庵重修记》，碑存沁县牛寺乡南牛寺村净土庵正殿廊下，笏首方趺，碑高120厘米，宽55厘米。

[3] 光绪二十六年《重修净土庵略记》，碑存沁县牛寺乡南牛寺村净土庵正殿廊下，笏首方趺，碑高136厘米，宽59厘米。

单进院布局，正殿、侧殿、配殿、厢房、看楼、戏台等俱存，但损毁严重，现已成羊圈。庙分上下院，下院东西两侧为看楼，正南为戏台。

戏台硬山顶，灰脊板瓦，移柱造，镜框式台口。前后七檩六架椽，面阔三间7.3米，其中明间宽4.1米；通进深5.9米，其中前台深4.25米。沙条石台基，高1.3米；檐柱用圆木柱，柱高2.55米；四角须弥鼓凳础，高0.35米。柱头设阑额、平板枋，枋上斗口跳，梁头伸出刻作龙形耍头。平身科各一攒，明间的耍头雕作龙头，次间的雕作象头，鼻下卷。明间雀替镂空雕为二龙戏珠，次间雕为卷草、神兽。明间设套方隔扇腿落地罩，次间设四柱垂花绦环横眉子。墀头上砖雕仙草、神兽。台上现存木制隔扇，当心间上方镌刻行书"镜里春秋"，上下场门额上书"褒善""贬恶"，其余题字绘画多已漫漶不清。

值得注意的是，戏台东西两侧山墙各绘戏曲壁画一幅。壁画高2.43米，宽3.03米，画中人物神态各异、表情生动、形象逼真。西山墙壁画共12人，2女10男，壁画正中上方题字："花碧莲卖艺寻夫""贺氏遇王伦""任正千受刑"；东山墙壁画共11人，1女10男，题字："大闹四杰村"。

庙内看楼皆悬山顶二层，面阔三楹，进深五架椽，带前廊。檐下用圆木柱，鼓镜础，柱头设阑枋、平板枋。木制门窗、隔扇等均已残损。

善朴村东岳庙的创建时间不得而知。光绪版《沁源县志·艺文》

沁源县善朴村东岳庙戏台

收录乾隆年间高如壁《弥勒佛殿碑记》，记云："吾邑正北乡有善朴村……山之阳，水之侧，有古庙三所。墙垣半圮，栋宇将颓，荒凉寥落之态傋焉……询于故老不知创自何年，究厥主名，咸云：'弥勒佛殿'。"由于三所古庙年久失修，颓圮严重，故老只知其一为弥勒佛殿，且在乾隆年间仅对弥勒佛殿予以修缮。近期考察善朴村周边庙宇，居于"山之阳，水之侧"的仅此一座，当地民众称其为东岳庙。故可推断县志记载的弥勒佛殿与实地调查之东岳庙应该是同一庙宇，只是此庙主神先为弥勒，后为东岳，易神之后，变成东岳庙了。东岳庙的庙会，是在每年的三月二十八日。

武乡县监漳村应感庙剧场

武乡县监漳镇五龙岗应感庙平面示意图
绘图：王潞伟

武乡的浊漳河流域水肥草丰，自古以来就是富庶之地。对世代生活在这里的人们来说，终年流淌不息的浊漳河养育了一方子民，岁时虽不乏旱魃肆虐，但凭依浊漳河常能风调雨顺，百姓则把他们的感激回敬给水神，故浊漳河一带遍布着众多的龙王庙。武乡监漳村五龙山上的应感庙就是其中的一座。

监漳村位于武乡县东25公里处，属监漳镇，现有居民400余户，1800多人，暴、崔、任姓为村中大姓，主要以务农为生。应感庙位于村西南五龙山北麓，坐南面北，依山势而建。正殿为政和八年（1118）所建，存当年敕封碑[1]，山门舞楼、耳楼、钟鼓楼共七间，建在三座拱形石山门上，残损严重。庙内存碑两通，现为县级重点文物保护单位。

正殿悬山顶五檩，举折平缓。近年有简单修复，屋顶原筒瓦覆布，修复后，东侧梢间屋顶换为板瓦，宝阁、鸱吻、垂兽等皆不存。

---

[1] 政和八年《敕封碑》，碑存武乡县监漳镇监漳村应感庙正殿内，笏首，碑高198厘米，宽102厘米，侧宽26厘米。

柱侧角、柱升起不明显，方形沙石柱，素平础。柱上施阑额、普拍枋，普拍枋上施斗拱，斗拱硕大，立面为柱高三分之一。柱头铺作一跳四铺作单下昂，琴面昂，拱面抹斜，耍头蚂蚱头。补间铺作各一攒，一跳四铺作，出一翘，拱面抹斜。

山门舞楼，坐北面南，硬山顶五楹，灰脊板瓦布顶，鸱吻、垂兽毁坏严重。东西尽间隔离为戏房。一层青砖砌就，高约2.22米，中间辟拱券门洞，门洞高3.05米，宽1.8米。舞楼两侧有钟鼓楼，卷棚硬山顶，一层辟拱券门洞，门洞高2.85米，宽1.6米。台上八角石棱柱，方凳鼓镜础。柱头施大小额枋，雀替已不存。柱头科斗口跳，梁头伸出，刻作三幅云。平身科明次间各一攒，斗口跳，明间耍头三幅云，次间耍头麻叶云头。进深五椽，四架梁对后单步梁，四架梁上施童柱，承接三架梁，三架梁上再施童柱、叉手，共同撑起脊檩。后坡下金檩下施金柱，托起四架与后单步梁，原装有木质隔断，现已不存。后台两侧各辟方形门洞，可入戏房及钟鼓楼。钟鼓楼下各砌石质台阶，为上下戏楼所用。舞楼脊枋题字："时大清道光二十九年岁次己丑七月□□日阖社重修……"舞楼通面阔7.3米，其中明间3.35米；进深5米，其中前台3.8米。两侧戏房面阔1.9米，进深5米；钟鼓楼面阔2.5米，进深2.7米。戏台柱高2.42米，柱础高0.45米。剧场院落，南北深10.5米，东西宽14米。

武乡县东良村洪济院剧场

　　东良村位于武乡县西北15公里处，隶属故城镇。旧称"梁侯"，传说东汉顺帝时外戚梁侯曾在此屯兵驻守，故名。由于村落地形似"葫芦"，当地民众美其名曰"金丝吊葫芦"。现有居民200余户，800余人。程、郭为村中大姓。洪济院位于村西，现存正殿、前殿、东西侧殿、戏台等数十楹。正殿、前殿内有元明时期壁画90余幅，120余平方米。院内存北齐时期千佛塔一幢及文冠树一棵，较为珍贵。庙会为农历六月二十五[1]。

　　正殿悬山顶五楹，屋顶灰脊筒瓦覆布，举折平缓，出檐深远，鸱吻、脊刹、宝瓶、垂兽俱存。圆木柱，素平础，柱侧角、柱升起、柱收刹均较明显。柱上置阑额、普拍枋，柱头五铺作单杪单下昂，耍头蚂蚱头。无补间铺作，进深六椽。

　　前殿悬山顶三楹，屋顶举折平缓，灰脊筒瓦盖顶，鸱吻、脊刹、宝瓶、垂兽俱存。柱侧角、柱升起、柱收刹均较明显。柱上置阑额、普拍枋。柱头五铺作双下昂，耍头蚂蚱头。补间铺作各一攒，五铺作双杪，唯明间出斜拱，三缝，耍头作蚂蚱头。两侧悬山下柱头铺作残损严重，五铺作单杪单下昂，昂形为批竹昂，进深六椽。

---

　　[1] 笔者于2014年7月21日（农历六月二十五日）考察时，恰逢庙会，洪济院剧场有山西省长治市青年落子剧团演出。

舞楼悬山顶三楹，灰脊板瓦盖顶，鸱吻、宝阁、垂兽为近年修缮更换。台上圆木柱，素平础。柱上施大小额枋，不施斗拱，梁头伸出。进深六椽，四架梁对后双步梁。悬山两侧博风板、悬鱼、惹草皆为新换。舞楼东侧山墙南向辟方形门洞一孔，为艺人上下舞楼通道。舞楼明间宽阔，次间装有木制栅栏，为文武场之地。至今庙会时仍用于戏曲演出。舞楼通面阔11.5米，其中明间6.2米；进深6.6米，其中前台3.7米；基高1米，柱高4.1米。

由于洪济院内无碑刻遗存，故有关洪济院及舞楼的创建沿革暂不可考。1980年8月1日，东良洪济院被公布为山西省重点文物保护单位。2002年，被提升为全国重点文物保护单位。

晋城篇

晋城市掌村玉皇庙剧场

掌村位于晋城市西北3公里处，隶属于晋城市城区西上庄街道办，地处晋城市区以西，距离西环路仅2公里之遥。现有居民60多户，260余人，李姓为村中大姓，主要以务农、务工为生。该村玉皇庙（又叫昊天宫）坐落于村北端龙冈之上，随地势而建，蔚为壮观，气势雄伟，居高临下，俯览全村。

玉皇庙坐北面南，二进院。现存建筑沿中轴线自南向北为舞楼、正面看楼、二道山门、献殿、正殿，两侧为山门、耳房、东西看楼、配殿、侧殿，庙貌完整，现为掌村民俗文化展馆。据庙内明隆庆五年《重修昊天上帝庙记》载："咨询创始前无所考，盖自大元时建焉。古刹为龙王庙，昔岁僧人妙方寓此斋戒诵经，至嘉靖乙卯自捐经资，专心竭力，更饰神图，易为玉皇殿。"[1]可知，是庙元时已有，但主神为龙王，嘉靖年间僧人妙方更饰神图，将龙王庙易为玉皇庙，其缘由为何？现不得而知，可能与当时玉皇信仰在民间盛行有关。庙存明清历次修缮碑刻15通，是了解掌村社会历史及庙宇修缮、管理、赛社等活动的重要史料。

正殿悬山顶三楹，脊施琉璃，屋顶筒瓦覆布，鸱吻、垂兽一应俱

---

[1] 明隆庆五年《重修昊天上帝庙记》，碑存晋城市掌村玉皇庙正殿廊下，笏首方趺。

全。方形小抹角石柱，须弥座方凳础。柱上施大小额枋，小额枋两端与雀替连为一体，雕作牡丹花卉。柱头科斗拱各一攒，三踩单下昂，昂嘴马蹄形，耍头蚂蚱头，拱面抹斜。平身科施以雕花翼拱，进深四椽，带前廊，三架梁对前单步梁。正脊题曰："时中华民国十二年岁次□□季冬癸亥朔上旬一日□□□□吉时上梁，重修正殿三楹，社首人等。自建之后保佑阖社人口平安、风调雨顺、国泰民安、诸祥来华、福泽绵远记耳。"正殿通面阔8.35米，廊深1.35米，进深4.65米，基高0.45米。东西侧殿硬山顶各三间，灰脊筒瓦盖顶。西侧殿脊枋题字曰："时大清乾隆十一年岁次丙寅季春丁卯朔越中旬二日戊寅宜用己时天德黄道重修□□西角殿三楹，自建之后，保佑阖社平安，永为记耳。"通面阔7.3米，进深4.6米，基高0.1米。

晋城市掌村玉皇庙正面看楼

献殿即拜殿，卷棚悬山顶三楹，南北透空，东西山墙砌封，屋顶筒瓦覆布。圆木柱，须弥座鼓凳础，柱上施大小额枋。柱头科斗口跳，平身科施以雕花翼拱。进深三椽，三架梁上置双童柱，共同撑起单架梁，单架梁两端置双脊枋、脊檩，脊檩之上施罗锅椽，撑起卷棚顶。庙内顺治十三年《创建南畔社庙拜殿记》载："历年囗殿囗风雨倾圮，拜殿亦未有焉，目击者无不戚戚然动心也。兹有社首顿萌善念，誓众首事率作开元捐资兴囗倡众举行。于是重为补修囗囗囗，创建拜殿三间，山门一所，东西耳楼两座，以为往来焚囗驻足，庙貌焕然一新。"[1]通面阔8.35米，进深3.85米，基高0.45米。

两侧配殿硬山顶东西各六间，灰脊板瓦盖顶，通面阔14米，通进深4.6米，其中廊深1.15米。配殿南向均建有腰楼两间，设有台阶，可入二进院南向耳楼，均为灰脊板瓦盖顶。

舞楼硬山顶三楹，坐南面北。屋顶灰脊板瓦覆布，鸱吻不存，垂兽为近年修缮新补。舞楼下层砌封，北向辟一门二窗，是为戏房。二层圆木柱，无柱础。柱头雕作仰莲座，柱上施平板枋。五架梁梁头置于柱头，直接伸出，断面垂直截去。平身科施镂空雕花翼拱，雀替残毁严重，仅剩局部。进深四椽，五架梁上施童柱两根，童柱上置三架梁，三架梁上再施童柱、叉手，共同撑起脊枋、脊檩。戏台后金檩下置金柱，区分前后台，原有木质隔扇，现已不存。两侧山墙各辟方形

---

[1] 顺治十三年《创建南畔社庙拜殿记》，碑存晋城市掌村玉皇庙正殿廊下，笏首方趺。

门洞一孔，可入两侧耳楼。东西耳楼硬山顶各四楹，灰脊板瓦，东耳楼下层紧邻戏台一间为山门。舞楼通面阔8.15米，其中明间2.95米，进深5.1米，柱高2.6米，基高2.75米。耳楼通面阔8.6米，进深4.5米。

掌村玉皇庙的看楼较为独特，除常见的分布于剧场院两侧的看楼外，该庙专门建造了正面九间看楼，大大提高了社众观赏戏曲演出的舒适度。东西看楼硬山顶各三楹，灰脊板瓦盖顶。上下层均为圆木柱，下层圆凳础，上层无柱础，上层柱间设有一米多高的木质栏杆。通面阔6.15米，进深3.7米，柱高2.3米；下部面阔三间6.13米，进深3.67米，柱高2.21米。西看楼为硬山顶，上部面阔三间6.13米，进深2.35米，柱高2.17米；下部面阔三间6.13米，进深2.35米，柱高2.1米。正面看楼为单坡硬山顶九间，灰脊板瓦盖顶。方形小抹角石柱，须弥座方墩础，柱上施阑额、平板枋。单步梁伸出柱头，平身科施以雕花垫板。正面看楼通面阔24.5米，进深2.5米，柱高2.8米，基高1.5米。剧场院东西宽17.8米，南北深10米。

剧场院舞楼创建年代不可稽考，据舞楼遗存乾隆年间舞台题记可知，该舞楼至迟在乾隆初年已建成。庙内乾隆十六年（1751）《重修玉皇庙记》载："又南展丈许，以使其阔大。山门之外，复修广厦数楹，以便观览之驻足。且自戏楼两旁更筑堵一围，宛立前院之规模。复设外山门于东向，使往来者不第有层累之思，而且有委曲之致。"据此可知玉皇庙前院正面看楼、剧场院围墙及东向山门修建于乾隆十六年。迨至乾隆五十七年（1792）又增建了戏房、两侧看楼[1]，至此剧场院建制规模趋于完善。舞楼两侧山墙及后墙原有乾隆年间演出题记数十条，现已不存，据栗守田《上党梆子》载录：（1）乾隆三年（1738），宝太班《青风山》《丹今鹰》；（2）乾隆三年（1738），金六班；（3）乾隆十七年（1752）七月二十三日，星兴班在此一乐，头戏《虎老官》（《虎牢关》）、《小口四》；（4）乾隆二十六年（1761）六月，长水秀二班；（5）乾隆三十年（1765），《日陆凤》《归香山》《盗金刀》《二姨口》《金和口》；（6）乾隆四十三年（1778）十月十日昌盛班《封村口宅》；（7）乾隆四十四年（1779），高都口口口州，《小玉献》《寒阳院》《河灯会》《金钟》《反精忠》《香木鱼》；（8）乾隆四十九年（1784）三月二十日，三义班。

晋城市孙村莲花寺剧场

孙村位于晋城市北5公里处，隶属北石店镇，地处晋煤集团矿区，现有居民400余户，1000余人。孙村附近有晋冀鲁豫野战军十二纵队整军地旧址、晋城博物馆、景德桥、长平之战遗址、怀覃会馆等旅游景点，莲花寺坐落于村落中部偏西，坐北面南，分内外两院。

正殿悬山顶三楹，灰脊板瓦盖顶，鸱吻、宝阁、垂兽俱全，圆木柱，鼓凳础。柱上施大小额枋，小额枋下两侧施雀替。柱头科斗口

---

[1] 乾隆五十七年《掌则社创修戏房、看楼勒名碑记》，碑存晋城市掌村玉皇庙内。

跳，平身科施以雕花垫板。通面阔8.3米，进深4.6米。东西侧殿硬山顶各三楹，灰脊板瓦盖顶，面阔6.8米，进深4.5米。东西配殿硬山顶各五楹，屋顶灰脊板瓦覆布，圆木柱，鼓凳础。通面阔12.45米，进深4.4米。院落东西阔23米，南北深15米。

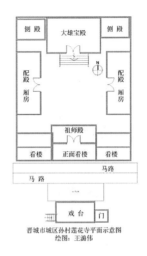

晋城市城区孙村莲花寺平面示意图
绘图：王涵伟

山门悬山顶三楹，二层楼式建筑。楼下为门洞，楼上脊檩下砌墙分为南北两部分，南面供奉祖师，北面为正面看楼三楹。屋顶黄色琉璃筒瓦覆布，脊施黄绿琉璃，鸱吻、垂兽等皆为近年维修更换。山门下层方形石柱，方墩础。柱上施大小额枋，梁头置于柱头。上层圆木柱，鼓镜础。柱上置大小额枋，平柱上方两侧施雕花雀替。进深六椽，七架梁通搭前后，梁头伸出，置于柱头。正面看楼中间三楹，通面阔6.8米，通进深4.7米，南向进深2.8米。柱高下层3.2米，上层2.7米。两侧正面看楼硬山顶各三楹，形制规模一致，于山门之上中间看楼形成一高两低形制，脊施琉璃，板瓦覆布。下层砌封，前后辟窗，内侧山墙辟门。上层圆木柱，鼓镜础。柱上施大小额枋，小额枋下置雕花雀替。梁头伸出，置于柱头，平身科施雕花垫板。进深六椽，七架梁通搭前后，正脊下砌墙，将看楼分为南北两部分。上层面阔7.5米，进深2.9米，基高3.3米，柱高1.5米。总体来看，莲花寺正面看楼为九楹。

晋城市孙村莲花寺正面看楼

舞楼位于山门对面，马路南侧，舞楼前辟有观剧场地，东西阔21.8米，南北深20余米。舞楼仅存基座及东耳楼，耳楼下方为门洞。舞楼基座上已经建起民宅。在原舞楼基座北侧新建有一简易舞台，仅砌就后墙与基座，基座阔11.5米，进深8.5米。敬神演剧时临时搭台。

据庙内现存道光二十六年《创修祖师庙前楼碑记》可知，斯庙创建于清初，其正殿供奉佛祖释迦牟尼，南殿供奉祖师，舞楼则置于庙外，碑云："如来佛殿位乎北，祖师楼殿位乎南，舞楼墙垣列乎外"，可见该庙舞楼亦当创建于清初，至道光年间，里社西山会、关帝会、东山会等会众修缮舞楼及东西耳楼，且"于祖师像前开列身面创修捲楼……看楼六间"[1]，据此可知，莲花寺正面看楼创建于道光二十六年无疑。

---

[1] 道光二十六年《创修祖师庙前楼碑记》，碑存晋城市孙村莲花寺山门下，碑高170厘米，宽60厘米。

泽州县冶底村东岳庙金元舞楼

提起岱庙人们一般想到的是山东省泰安市俗称"东岳庙"的岱庙，其实，山西也有一座岱庙，它位于泽州县南村镇冶底村。泽州县冶底村的岱庙，也叫东岳庙、泽州岱庙，俗称西大庙。

冶底村隶属于泽州县南村镇，位于晋城市西南15公里处。东岳庙位于村西北，坐北面南，依地势而建，北高南低。创建于宋元丰三年（1080），历代有修缮。车文明先生的《山西晋城冶底村东岳庙考述》一文考证其为全国现存最早的东岳行祠。该庙现存上下两进院，

泽州县南村镇冶底村东岳庙金元舞楼

中轴线上正殿、舞楼、水池、山门，两侧耳殿、配殿、厢房等俱存，庙貌保存完整。2001年确立为全国重点文物保护单位。2012年进行了整体修复。

舞楼确切创建年代不详，但从其建筑遗构看，明显具有金元风格。舞楼位于上院南端，南临下院水池，北距正殿17.4米，距东西两侧廊庑5米。亭式结构，三面观。顶部样式：单檐十字歇山顶制，筒瓦布顶。原正脊、垂脊、戗脊为叠瓦式，鸱吻、垂兽、套兽皆不存，现为灰脊、琉璃鸱吻、垂兽、套兽，为近年重修更换补加。基座：基高1米，平面为纵向长方形，宽8.7米，侧宽9.9米。舞台面阔5米，进深5.15米，近似正方形，四周装沙石勾栏，高约20厘米。主体结构及部件：舞楼北、东、西三侧露空，南侧砌墙。四角立方形小抹角沙石柱，石柱浮雕卷草花卉。柱高4米，素平础。柱上施阑额、由额，伸出柱外，加虎头护朽，二者断面呈丁字形，唯南侧不施由额。四转角铺作皆出45度由昂，正、侧面耍头作昂形。补间铺作每面三朵，五铺作双下昂（假昂），里转华拱两跳，坐斗瓜棱形，昂嘴扁平，正心万拱隐刻，耍头作凹脸蚂蚱头，撩檐桁下用撩檐枋，不用替木，耍头上用衬方木，不用齐心斗。斗拱用材略小，立面高度约为柱高五分之一。内部梁架为简约式藻井结构，四根阑额构成底层方井，四角施抹角梁，承接老角梁后尾。四面中间补间铺作耍头后尾插于踩步金下垂柱中，承接上层井口枋。井口枋四角及踩步金中部各施阳马一条，交会于正中脊枋下雷公柱上。

寒声等的《泽州三座宋金戏台的调查》中认为："可能是金代'正隆二年（1157）'建造"。杨太康、车文明先生的《关于古戏台考察和研究中的几个问题》中认为此台"具有元代风格"。冯俊杰的《山西神庙剧场考》中推断此舞楼在元代更换了三分之一以上的木构件，按照判定古建筑年代的通行准则，此舞楼虽为金代创建，却只能视为元代遗构了。薛林平、王季卿的《山西传统戏场建筑》中也认为此为具有宋金风格的元代建筑。

泽州县东四义村清震观明代戏台

东四义村位于太行山间盆地，位于晋城市北部10公里处。早在20世纪50年代，东四义村是闻名全国的卫生模范村，先后获得了"全国文明村""全国村镇建设先进单位"等荣誉称号。2014年曾被评为"山西最美旅游村"。

清震观位于村中，现为乡镇派出所。仅有山门、前殿（老君殿）、歌台（舞楼）留存。据县志与庙内碑刻记载，创建于唐天宝年间[1]，为泽州县重点文物保护单位。

歌台位于老君殿后，玉皇殿前，亭式建筑，坐南面北，四面观，单檐歇山顶，脊施黄绿琉璃脊，绿琉璃筒瓦布顶，鸱吻、垂戗、脊

---

[1] 乾隆版《凤台县志·寺观》册七，卷十二载："清震观在东四义村，有天宝元年石幢，或者旧寺也。"晋城人民政府1983年翻印，第9页。乾隆十年（1745）《重修玉帝成汤二殿碑记》，碑存清震观内，笏首方趺，正书，碑高250厘米，宽72厘米，侧宽16厘米。

兽、山花、悬鱼等俱为近年修葺时更换。基座：平面呈正方形，面阔、进深均为6.08米，基高0.9米。主体结构及部件：四角立方形抹角石柱，素平础，柱收刹、柱侧角明显。柱头置大额枋，额下施替木。四转角铺作皆一跳四铺作单下昂，三缝，正、侧面出华拱一跳，耍头蚂蚱头。补间铺作每面各三攒，四铺作单下昂，里转华拱，耍头刻作昂形。内部梁架：藻井形制。大额枋构成底层方井，方井上斗拱用三重随瓣枋抹角向内、向上层层收缩，形成八角藻井。枋上八角各施九踩斗拱，代替阳马，共同向屋顶中心收束，交会于屋顶正中雷公柱，形成圆形藻井。斗拱之间以随瓣枋相连，结构稳固，布满彩画装饰。整体形制及细部金元风格明显，但整体用材偏小，车文明先生将其认定为明代建筑。

阳城县泽城村汤王庙金代舞楼

晋东南地区的汤王崇拜有很强的地方特色，在太行、析城、王屋之间，流传着许多关于汤王祷雨的传说，以阳城县析城山为中心，周边各地乡村分布着数量可观的汤王庙，由此汤王庙会和祭祀演剧活动在当地流传广泛。而诸多汤王庙的舞台题壁留下了不少戏班演出和相关角色的墨书题记，为研究汤王庙的演剧情况提供了珍贵的实物资料。如泽城村汤王庙五瘟殿题壁就有关于晋东南地区物资交流大会议事过场的简要记录。

泽城村位于阳城县西15公里处，隶属固隆乡，为古濩泽县治所在地。汤王庙位于村东土冈上，坐北面南，一进院。据庙内万历四十五年（1617）贾之凤《重修成汤圣帝神庙记》载[1]，该庙至迟创建于金熙宗皇统九年（1149），其舞庭亦当肇始于此。中轴线上现有正殿、舞庭、山门舞楼，两侧偏殿、配殿、厢房、马房等。2006年确立为全国重点文物保护单位。2013年进行了整体修复。

舞庭建筑整体形制及细部特征具有明显的金元风格。位于院落中央，其基座北距正殿1.65米，南距山门舞楼8.4米，距东西两侧厢房均为9.2米。亭式结构，四面露空。顶部样式：单檐歇山顶，山花向前，举折平缓，出檐深远，屋顶筒瓦覆布。正脊、垂脊、戗脊皆为叠瓦

阳城县泽城村汤王庙金代舞楼

[1] 万历四十五年贾之凤《重修成汤圣帝神庙记》，碑存阳城县泽城村汤帝庙西院墙内，碑高58厘米，宽135厘米。

式，琉璃鸱吻，无垂兽、戗兽，仅有套兽，山花悬鱼、惹草等俱存，但大多数为近年修缮更换。基座：平面呈南北纵向长方形，基高0.45米，基宽（东西）10.75米，侧宽（南北）14.25米。舞庭东西面阔7.05米，南北进深11.8米，其中明间4.8米，次间3.5米。青砖墁地，沙质阶条石砌边。主体结构及部件：八根粗大的方形抹角沙石柱，柱高3.5米，素平础，柱收刹、柱侧角较为明显。柱身雕刻各种花纹，其中南侧两柱浮雕花卉卷草。南北两侧平柱及舞庭内两排金柱为圆木柱，鼓镜础，明显为后人所加。柱头施大斗，斗上施替木，唯北侧第二排两柱施小斗，无替木。斗上承托宽厚的大额枋，斗拱用材宏大。四转角五铺作单杪单下昂，耍头作昂形。柱头五铺作单杪单下昂，耍头作昂形，正心万拱隐刻，拱面抹斜。纵向补间铺作明、次间各一攒，明间五铺作单杪单下昂，耍头作昂形，出斜拱，次间五铺作单杪单下昂，耍头蚂蚱头。横向补间铺作三攒，五铺作单杪单下昂，中间一攒耍头作昂形，余耍头蚂蚱头。此外，柱头斗拱用假昂，补间铺作用真昂。内部梁架：六椽栿直达东西檐下，栿下随枋为后加，栿上施蜀柱、合沓，承接平梁及上金桁，省却四椽栿。平梁上施蜀柱、合沓、叉手，会合于十字拱上，撑起屋脊。纵向每间均置襻间枋和斜撑枋木，相交处施垂莲柱，垂莲柱上施阳马，汇聚于屋脊雷公柱上。相同结构单元共四组，互相牵引，结构牢固，亦不失大方美观。

阳城县下交村成汤庙金代舞楼

"析城之麓有下交，人烟稠密，为邑南重镇。其脉由析城蝉联而下，两河合流，故曰交。山峰丽秀，河水回环，真文人锦绣之区，兴仁讲让之乡也……"这段碑文记载的正是阳城县河北镇下交村。下交村位于阳城县西南约10公里处，汤王庙位于下交村东北隅高冈上，坐北面南，两进院。自北向南中轴线上依次为正殿、拜殿、乐楼、前殿、山门，两侧侧殿、配殿、厢房、东西华门、角楼等俱存。2006年被确立为全国重点文物保护单位。2013年进行了整体修复。

阳城县下交村成汤庙金代舞楼

金代舞楼，金大安二年（1210）创建，明时改称拜殿，是明代创建新型舞楼之后的事情。舞楼位于二进院中央，北距正殿6.4米，南距明代舞楼6.7米，距东西两侧廊庑5.5米。亭式结构，四面观。顶部样式：单檐歇山顶，举折平缓，出檐深远。正脊、垂脊、戗脊皆施琉璃，宝阁、鸱吻、垂兽、戗兽多为新补，筒瓦布顶。基座：台基近似正方形，宽11.6米，侧长9.8米，基高0.2米。舞楼通面阔9.1米，通进深7.25米。主体结构及部件：金代舞楼原为一楹，据康熙五十一年（1712）碑刻载录，易为三楹。现四转角为方形抹角石柱，素平础，柱高3.08米，柱上浮雕飞龙、仙草等内容。石柱收刹明显，其底部46×49厘米，顶部40×40厘米。柱头置大斗，上施粗大的阑额。四檐下各设两根辅柱，除北面为石柱外，其余三面皆为木柱，显然为后期重修所加。转角斗拱四铺作，正面出华拱，角上出由昂，令拱上施替木，承接檐檩，拱面抹斜，耍头蚂蚱头。南北两侧阑额各施斗拱三朵，一跳四铺作，真昂，耍头作昂形，中间一朵斗拱出45度斜拱。东西两侧辅柱柱头各施斗拱一朵，亦为一跳四铺作，真昂，耍头作昂形。内部梁架：四架椽屋，阑额上置斗拱承接抹角梁，抹角梁上置大角梁，大角梁后尾插入踩步金梁下垂柱，使大角梁发挥杠杆效应，平衡来自出檐与屋顶的重力。檩枋之间施襻间斗拱。四椽栿上置蜀柱、合沓，共同撑起脊桁、脊枋。舞楼正南为山门，建于高台之上，台前设台阶，供人上下出入。门楼三开间，悬山顶，间群门，门隔板书有"桑林遗泽"字样。

阳城县屯城村东岳庙金元舞楼

屯城村位于阳城县东北约20公里处，隶属润城镇。屯城古村又名"虎谷"，西临山西省第二条大河——沁河，因长平之战时秦将白起在此筑城屯兵屯粮得名"屯城"。屯城古村2014年被住房城乡建设部和国家文物局联合公布为第六批中国历史文化名村，现有1100人，辖区总面积3.85平方公里。村落依山傍水，东岳庙位于村东卧虎山下，坐北面南，一进院。据庙内现存柱铭可知，该庙至迟创建于金承安四年（1199），现存正殿、侧殿、角楼、配殿、舞楼等建筑，为省级重

阳城县屯城村东岳庙金元舞楼

点文物保护单位。

舞楼创建年代不详，但据整体形制及细部特征看，金元风格较为明显。舞楼位于院落中央，坐南面北。北距正殿约19.6米，距东西两侧廊庑约8米。亭式结构，现四面砌墙。顶部样式：单檐歇山顶，举折平缓，脊施琉璃，筒瓦覆布，宝阁损毁，鸱吻、垂兽、戗兽、套兽皆为琉璃造，山花、悬鱼、惹草俱存，局部残毁。基座：平面近似正方形，宽8.6米，侧宽8.75米。舞楼面阔5.5米，进深6.1米，基高1.5米。主体结构及部件：四角立方形抹角石柱，柱高3.4米，素覆盆础，柱底直径47厘米，柱顶直径40厘米，收刹明显。南北两侧石柱之上直承大额枋，额下施替木。大额枋直接伸出柱头，上承接四角递角梁，再上承接踩步金梁。四角加圆木辅柱，无柱础，柱头施平板枋，伸出柱头，垂直截去。转角四铺作单杪，形制简洁。内部梁架采用减柱造，面阔明一暗三。五架梁上置童柱两根，承接三架梁，三架梁上再施童柱、叉手，共同撑起屋脊。

阳城县封头村汤帝庙金代舞亭[1]

封头村位于阳城县西南20公里处，隶属驾岭乡，汤帝庙位于村中部。汤帝庙原坐北面南，现仅存此金代舞亭，村民俗称拜厅。据村民讲述，汤帝庙，一进院，该舞亭居庙院中央，距离北面正殿10米多，

---

[1] 段飞翔：《阳城县古戏台调查与研究》，山西师范大学2014届硕士学位论文，第37—38页。

阳城县封头村汤帝庙金代舞亭

距南面戏台约8米，与东西厢房相距约5米。

　　舞亭从整体形制及细部特征看，金元风格较为明显，亭内南侧两角柱上均有柱铭，一曰："大安岁次庚午六月中旬施石柱一条，李愿谨施"；一曰："大安岁次庚午六月中旬施石柱一条，陈赞谨施"，故该舞亭创建年代可能是金大安二年（1210）。舞亭为亭式建筑，四面露空。顶部样式：单檐歇山顶，山花向前。屋顶灰脊板瓦（原为筒瓦）覆布，宝珠、鸱吻、垂戗、脊兽、仙人、套兽等俱不存，毁于"文化大革命"时期，山花亦仅存悬鱼。基座：院落重新墁地时已有抬升，舞亭基座现高0.42米，亭内青砖墁地，宽8.4米，侧宽8.25米。舞亭面阔6.4米，进深6.85米。主体结构及部件：四角立粗大的方形抹角石柱，素平础，柱收刹、柱侧角较为明显，每面加木质辅柱两根。四角柱柱头均置大斗，承接大额枋，大额枋与柱头交叉，半卯结构，额头伸出，断面垂直截去。转角四铺作单下琴面昂，耍头作昂形。补间铺作每面各两攒，四铺作双下昂。内部梁架：四角均置抹角梁，抹角梁上置驼峰承接老角梁。老角梁与补间铺作耍头后尾共同撑起踩步金梁。踩步金梁与上金桁相交于老角梁后尾，半卯结构。四角均施阳马，会合于屋脊正中雷公柱上，撑起屋脊。

沁水县城隍庙明代山门舞楼

沁水县位于山西省东南部，栖息于巍巍太行之怀抱，因沁河贯穿南北而得名。2014年，被民政部确认为"千年古县"，成为山西省继安泽、长子、襄垣和交城之后，第五个被命名为"千年古县"的县城。沁水文化底蕴深厚，以历山、沁河以及柳氏民居、三都古城、金郭壁、银窦庄等为代表的山水古堡名闻遐迩。沁水是人民艺术家赵树理的出生地，近年文化旅游方兴未艾。

城隍庙位于县城宣化街，现为县级文物保护单位。据庙管人员回忆，城隍庙原为三进院落，现为一进院，仅存正殿、山门舞楼与山门前约百米处巷头简陋的石质牌坊，其占地面积现约400平方米。

城隍庙，坐北面南。正北为正殿，悬山顶三椴，屋顶灰脊筒瓦覆布。圆木柱，柱头有收刹，方凳础，柱头施大额枋、普拍枋。柱头斗拱，五铺作双下昂，拱面抹斜，耍头蚂蚱头。补间铺作，明、次间各一攒，五铺作双下昂，拱面抹斜，耍头蚂蚱头。正殿通面阔12.1米，其中明间3.79米，通进深7.44米。屋顶举折较为平缓，出檐深远，具有明代建筑风格。

山门舞楼，坐南面北，悬山顶三楹。下层中间为门洞，圆木柱，无柱础，柱头有收刹。柱头大额枋、平板枋。枋上置大斗，斗口跳，柱头铺作、补间铺作各一朵，部分已残损。上层圆木柱，不施柱础，柱头置大额枋。柱头斗拱三踩单杪，耍头作麻叶云头，拱面抹斜。补间铺作明、次间各一攒。进深四椽，内部设天花板，无法看见梁架结构。两侧砖砌台阶，可入戏楼及东西耳房。山门舞楼下层门洞高

沁水县城隍庙明代山门舞楼

2.75米，宽2.86米，深4米。戏台通面阔6.69米，其中明间3米，通进深
5.49米。剧场院落南北进深20.97米，东西阔14.32米。该舞楼某种程度
上具有明代建筑风格，此处暂定为明代舞楼。

山门舞楼前巷子头有石牌坊，牌坊正中石刻有碑铭，北侧曰：
"文林郎、沁水县知县郭廷祯，迪功郎、县丞朱□，□□郎主簿李
琚，典史陈准，敕封显佑伯城隍庙。邑人孙应奎书，皇明嘉靖己未仲
春吉日创建，管工耆老：李居义、李世科，看庙道士：崔羽真，石
匠：阳城史仲科。"南侧曰："大清康熙五十六年仲秋□□，文林
郎、沁水县知县□□，迪功郎、县丞奚□徇，典文郑尚启，敕封显佑
伯城隍庙。邑人陈洁书，外郎樊恩俊，总理社首庠生郑惠宣，廪生孟
□枝，道人崔宇□，石匠□成□、杨天相。"可见，该城隍庙于明嘉
靖十四年（1535）、清康熙五十六年（1717）都有过重修。城隍庙现
被多家小商贩租赁，院内及屋内混乱不堪。至于庙会、演剧等情况，
亦不得而知。

沁水县玉皇庙明代舞楼

该庙位于沁水县城西关，现为沁水县文史博物馆所在地。坐北面
南，一进院，自北向南中轴线上依次为正殿、献殿、舞楼、山门，两
侧为厢房、看楼。1997年被确立为晋城市重点文物保护单位。

舞楼位于庙院南端，坐南朝北，平面呈方形，原三面观，现全部
砌封，为书画室。单檐歇山顶，灰筒瓦覆顶，绿琉璃饰脊。从外观上

沁水县玉皇庙明代舞楼

看，保留了元代舞楼的建筑风格。四角立方形抹角石柱，后檐设二石质平柱。两山墙偏后设二木质辅柱，柱南砌山墙，柱北山面透空，柱上施大小额枋。斗拱四铺作单下昂，耍头蚂蚱头，南面平身科五攒，其余柱头科、平身科各一攒，设檐檩、檐枋。通面阔三间7.1米，其中明间4米，进深6.8米。台基高1.1米，柱高3米。据庙内乾隆三十一年《重修舞楼记》碑阴所刻"大明宣德七年建舞楼西社捐施石柱六根姓名誉记于后"和"乾隆二十八年重建舞楼"等文字可知舞楼创建于明宣德七年，重修于乾隆二十八年[1]。

---

[1] 乾隆三十一年《重修舞楼记》，碑存正殿前廊东，圭首方趺，碑高156厘米，宽62厘米，侧宽17厘米。

沁水县上木亭村城隍庙明代舞楼

沁水县上木亭城隍庙平面图

上木亭村位于沁水县城东10公里处。城隍庙位于村中，坐北面南，一进院。现存建筑中轴线自北向南有正殿、明代舞楼、戏台，两侧有侧殿、配殿、厢房、看楼、山门、耳楼等，庙貌较为完整，为第五批省级文物保护单位。

舞楼位于庙院中间，正殿南7.63米处，原为亭式结构，三面观，墙壁是今人改作村委会时加砌。舞楼单檐歇山顶，山花向前，平面成纵向长方形，宽4.73米，通进深7.15米，其中前部进深4.6米，占通进深约2/3；后部进深2.55米，占通进深1/3；基高0.3米。台上立六柱，为粗大的方形抹角沙石柱，柱径0.42米，柱高2.95米，素平础，斗拱立面高度约占柱高1/3。举折平缓，柱侧角明显。屋檐已有塌毁。屋脊火珠、大吻及垂戗脊兽等损毁严重，九脊尚存，脊施琉璃，筒瓦覆布，但多已残破。舞楼檐下，额枋宽厚，不用阑额。柱头上施以十字相交绰幕枋，承载大额枋。额枋与绰幕枋都伸出柱外，额枋断面垂直截去，装有云纹木板护朽，绰幕枋雕作蝉肚形。撩檐桁下施通枋，不用替木。枋下南北两面皆为补间铺作二朵，为重拱四铺作单下真昂，琴面昂，耍头作昂形，拱面不抹斜。四转角斗拱皆三缝，出45度由昂、斜昂，正、侧面耍头则为蚂蚱头。舞楼内顶部装有草席，内部梁架结构不可观其全貌，只可见五架梁上立两童柱，童柱上承三架梁，三架梁上立童柱，下施合踏，上施丁华抹颏拱，与叉手相交共同撑起脊枋、脊桁。该舞楼明清以来虽有多次重修，但从舞楼总体建筑形制看，很大程度上保留了金元时期的建筑风格。

庙内还有一座清代风格戏台，悬山顶三间，三面观。灰脊板瓦盖顶，进深六椽，屋顶内部施平闇。方形混角沙石柱，须弥方凳础。柱上施阑额、大额枋，柱头科一跳三踩，单翘，耍头麻叶云头。平身科明间一朵，出斜拱，七缝，次间平身科施扇形垫板。耳楼硬山顶东西各三间，进深四椽。下层辟一门二窗，上层辟三方窗。戏台通面阔9米，其中明间3.86米；通进深6.51米，其中廊深1.23米。基高1.67米，柱高3.19米；耳楼通面阔6.22米；进深3.6米。院落东西宽13.9米，南北至舞楼14.73米。

上木亭村城隍庙不知创自何年，据庙内现存明嘉靖十八年（1539）琉璃碑《泽州沁水县上木亭庙创建两廊记》可知，此次重修城隍庙"众人兴土创建□牛王耳殿两廊，重修三门，补修正殿，移牮武楼，塑绘圣像"，规模浩大[1]，其中"武楼"即庙院中间矗立的舞楼。嘉庆十三年至十六年，创修大庙东南辕门六间，东西陈设房屋、

---

[1] 碑存上木亭村城隍庙正殿西山墙外侧，壁碑，琉璃碑，碑高39厘米，宽68厘米。

看楼、左右耳门等建筑。之后，道光二年又对庙内建筑进行了补修。建国后，1964年《木亭大队重修管委会办公室仓库等房屋碑记》载："将舞楼重修一新，共化洋五千元……从此大队办公、学校上课、供销营业、仓库存粮、群众文娱，均有妥适地方，呈现着社会主义新农村之新气象"[1]。

沁水县郭壁村崔府君庙明代舞楼

郭壁村位于沁水县南部50公里处的沁水西岸，这里曾是山西对外的重要通道，经济发达、文化繁荣、商贾云集、富甲一方，历代文人辈出，明清两代进士多达十几人，也曾为古镇建置所在地。主要建筑群有崔府君庙、镇行宫、古渡口、民宅群、三槐里等。崔府君庙位于村东，坐北面南，两进院。现存建筑自北向南依次有正殿、舞楼、前殿（关帝）、山门舞楼，两侧侧殿、配殿、耳楼若干间，庙貌保存基本好。2006年被确立为全国重点文物保护单位。

明代舞楼位于二进院南端，坐南面北，与前院关帝殿共用一堵后墙，舞楼三面观，单檐歇山顶，山花向前，金元风格明显，但为明代移建。四角立粗大的圆木柱，上施大额枋，下施绰幕枋。补间铺作各三攒，四铺作单下昂，用真昂。转角铺作用假昂，由昂与各耍头后尾起秤杆支撑八根垂莲柱，上承井口枋。枋上再施斗拱与抹角梁承八边

---

[1] 碑存上木亭村城隍庙正殿前廊西侧，门额"保卫祖国 勤俭建设"，碑额"热爱集体"。

沁水县郭壁村崔府君庙明代舞楼

形第三层框架，中设雷公柱。每一层垂柱间以及垂柱与斗拱后尾均插穿枋。面阔进深均一间，6.4米见方，台基高1.05米。据庙内康熙五年《郭壁镇补修府君庙记》载[1]，明中叶舞楼即存在，明天启三年（1623）整座庙宇迁新址。前院又有清式山门舞楼。郭壁明代舞楼，是传统戏曲演出的场所，是祭祀崔府君时献戏的舞台。因其设计精巧、构筑绝妙，成为舞台建筑的典型代表。它承载着古代人的记忆，是许多戏曲往事的见证，体现了当地政治、经济的繁荣和文化、娱乐的昌盛。

---

[1] 康熙五年《郭壁镇补修府君庙记》，碑存关王殿后墙外，壁碑，碑高37厘米，宽105厘米。

高平市王报村二郎庙金代舞楼

　　高平市寺庄镇王报村二郎庙舞楼是目前学界公认的中国现存时代最早、纪年确切的神庙戏台。二郎庙坐落于王报村北面的一个高冈上，坐北面南，一进四合院，院宽18.5米，进深30米。自北向南中轴线上依次为正殿、献殿、舞楼，两侧角殿、廊房若干间，主神为杨戬。2006年确立为全国重点文物保护单位。2008年二郎庙进行了整体修复。

　　1998年6月30日，山西师范大学戏曲文物研究所冯俊杰教授带领团队曾经路过王报村二郎庙，发现了这座形制古朴的戏台，觉得很可

高平市王报村二郎庙金代舞楼

能是金元建筑，只因当时天色已晚，未及细究。然自此以后，心中耿耿，终不能忘。2001年4月29日，冯俊杰教授带领孙俊士、郭永锐、白海英3名研究生专程调查，见枝叶稀疏的灌木丛中，露出舞楼的须弥座式台基，便拓其线刻图画，结果同时显现出创建年代的文字。一座金代舞楼，在历经800年的天灾人祸、风雨剥蚀之后，竟然在一座不起眼的庙宇里奇迹般地保存下来，中国戏剧史、剧场史和古代建筑史的教学与研究，从此又拥有了一座不可多得的金代实物。

　　该舞楼为金大定二十三年（1183）创建，位于庙院最南端倒座位置，距离献殿15.6米。亭式结构，三面观（今作一面观）。顶部：单檐歇山顶，举折平缓，山花向前，柱侧角明显。屋顶筒瓦覆布，屋脊火珠、大吻及垂戗、脊兽等都为近年修复。基座：台基呈长方形，宽7.4米，侧长5.9米，基高1.4米。舞楼宽5米，进深5米，平面呈正方形。主体结构及部件：台上四角立粗大的圆木、石对柱，高3.13米，其中木柱高2.65米，石柱露明部分高0.48米。柱上施宽厚的大额枋，斗拱四铺作单下真昂，昂身琴面，较短，昂嘴略近扁平，拱面不抹斜，耍头作昂形，上置齐心斗，用真华头子。转角斗拱皆三缝，出45度由昂、斜昂，正、侧面耍头作蚂蚱头。内部构架：梁架为二重井架构成，四根角柱承接粗大的额枋，形成梁架结构的第一重方井。各转角铺作耍头后尾撑起抹角梁，抹角梁上施老角梁，老角梁与各补间铺作耍头后尾共同撑起踩步金梁，形成第二重方井。方井之上，南北设山花，踩步金梁上施侏儒柱、合㭼、叉手，撑起脊槫。

舞楼整个建筑架构简洁、设计合理、线条优美，的确有一种越简单越美观的感受。1183年，就是这座舞楼的准确建造时间，一座身份明确的金代建筑，也由此改写了中国戏曲考古的历史，书写了中国古建的一项纪录。

高平市中庙村炎帝中庙金元舞楼

高平与炎帝有关的历史遗存数量庞大，以羊头山为中心，分布着众多以"神农"命名的地方，并遗存有以炎帝陵为中心的羊头山神农上庙、炎帝陵五谷庙、炎帝行宫、团西村炎帝寝宫、炎帝中庙、炎帝高庙以及中村、赤祥村、西沙院村、邢村、三甲北村炎帝庙等庙宇院落35座。上庙亦称高庙，建在羊头山顶，现仅存遗址；下庙建在高平市区，已不存在；唯有建在中庙村的炎帝中庙保存完整，成为一处全国重点文物保护单位。

中庙村，旧称下台村，下太村，位于高平市北部20公里处，今属神农镇，旧称团池乡。古中庙即炎帝中庙，坐北面南，依地势而建，北高南低。据庙存康熙九年（1670）《重修炎帝庙并各祠殿碑记》云："吾泫有上中下三庙，在换马者为上，在县治东关者为下，而余乡则其中也"。该庙现存上中下三进院落，中轴线上有正殿、舞楼、山门，东西两侧侧殿、偏殿、配殿、厢房、看楼等各若干间。2006年确立为全国重点文物保护单位。2012年进行了整体修复。

舞楼创建年代不详，但据整体形制及细部特征看，金元风格较为明显。舞楼位于上院南端，坐南面北。北距正殿约19.3米，距东西两侧廊庑8.2米。亭式结构，一面观（原三面观）。顶部样式：单檐歇山顶，灰脊筒瓦布顶，鸱吻、宝瓶、垂兽、戗兽、套兽、仙人、山花、悬鱼、惹草等多为近年维修更换。基座：宽6.4米，侧宽8.6米，正面基高0.5米，背面基高1.3米。台上面阔5.5米，进深5.15米，平面近似正方形。主体结构及部件：东、西、南三面青砖砌隔墙，北面加二辅柱，视作三小间，装有五抹隔扇门，次间各一，明间四。四角各立一根粗壮的圆木柱，素平础，柱高3米，底部柱径47厘米，顶部柱径40厘米，柱收刹明显，侧角亦较明显。四根宽厚的阑额置于柱头，与由额一起伸出柱外，断面垂直截去，不加雕饰，形成内部梁架第一重方井。四转角铺作皆三缝，五铺作双下昂，耍头蚂蚱头。斜角出45度单杪单下昂及由昂。补间铺作每面各两朵，坐斗瓜楞形，五铺作双下昂，耍头作昂形，正心慢拱隐刻。舞楼内部结构为四重方井与四重圆井组合而成的藻井形制。四面补间铺作里拽瓜拱、厢拱上各撑起一道枋，形成第二、三重方井。老角梁后尾承接第四道井口枋，每面设莲花垂柱三根，与补间铺作耍头后尾相交。方井之上每角斗拱一攒，补间一攒，皆向上、向内层层铺垫，形成八角藻井，直至屋顶，交会处施以雷公柱。古中庙现存碑碣十几块，从碑文中可知，中庙为皇帝敕建之庙，地位要高于一般的庙院，是年代古老、声名远扬的炎帝文化遗存。

高平市西李门村二仙庙金代献楼基座

二仙庙是晋东南特有的一种庙，遍布晋东南各地，大大小小不计其数，甚至传播到太行山下的焦作、济源。晋城最有名的三座二仙庙是陵川城西的西溪二仙庙、泽州金村的东南村二仙庙、高平河西的西李门村二仙庙。

西李门村二仙庙，实属岭坡村，位于村东南高冈上，坐北面南，以东西梳妆楼为界分为前后两重院。自北向南中轴线上分布寝宫、正殿、献楼基座、山门、门外戏台，东西两侧侧殿、配殿、厢房、梳妆楼等若干间，庙貌保存基本完整。2006年确立为全国重点文物保护单位。2013年7月至2014年9月，进行了整体修复。

献楼基座紧靠正殿基座，且低于正殿基座20厘米，显然不是一体。基座为须弥座造型，四周青石、沙石砌就，台上青砖墁地。基座高1.2米，宽13.5米，侧宽6.7米。东西两侧北端、南侧中央皆设有垂带踏跺。上枭浮雕仰莲，下枭浮雕覆莲。基座束腰东西两侧及南侧或线刻、或浮雕，内容多为花卉、神兽、人物等。其中就有广为学者们关注的"队戏图"与"巾舞图"。

关于高平市西李门村二仙庙正殿前方的基座，一直以来，多数学者认为其是全国现存年代最早的露台，几成定论。但随着庙内金正隆三年（1158）"重修献楼"碑刻的发掘整理，使得这一定论产生动摇。宋金时期神庙中献楼碑刻较为少见，属近期新发现。从宋金时期祭拜礼仪中的乐舞表演及神庙布局分析，献楼应与宋碑中记载的"舞亭"名异实同，属同一类建筑。通过对露台与献楼之间的一系列对比，学者得出结论，此方台并非金正隆二年（1157）所建露台，而是金代献楼基座。

晋城市郭山村广福寺剧场

郭山村位于晋城市城区西北5公里处，现有居民150余户，500余人，主要姓氏为魏姓。郭山村附近有晋城博物馆、景德桥、晋冀鲁豫野战军十二纵队整军地旧址、长平之战遗址、怀覃会馆等旅游景点。广福寺位于村后，坐北面南，一进上下两重院，现存正殿、侧殿、配殿、看楼、腰楼、山门舞楼、耳楼等建筑。1996年进行过整体修缮，庙会为农历八月初一。

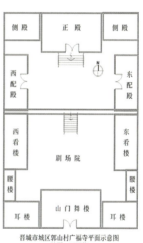

晋城市城区郭山村广福寺平面示意图
绘图：王潇伟

正殿悬山顶三楹，面阔8.41米，进深3.81米，基高0.47米。东西配殿硬山顶各三楹，面阔6.37米，进深2.81米，基高0.1米。东西侧殿硬山顶各三楹，面阔4.7米，进深3.88米，基高0.13米。

山门舞楼，坐南面北，南向设抱厦，单坡悬山顶屋檐，灰脊筒瓦覆布。舞楼硬山顶三楹，灰脊筒瓦盖顶，宝阁、鸱吻、垂兽尚存。下层方形抹角石柱，方凳础。台上圆木柱，鼓凳础，柱础间设木质勾栏，高约20厘米。柱上施额枋、平板枋，梁头伸出，布施斗拱。平身科置雕花翼拱，进深四椽，五架梁通搭前后。东西山墙各辟方形门洞一孔，可入耳楼戏房。两侧耳楼各两楹硬山顶，进深四椽。东西看楼硬山顶各三楹，灰脊板瓦盖顶。耳楼现已砌封，耳楼戏房与看楼南侧均设二层腰楼，亦称小看楼，连通戏房与看楼，下层方形石柱，上层圆木柱，柱间装木质栏杆，高约1米。舞楼通面阔8.04米，其中明间2.87米，进深4.63米，基高2.74米，柱高2.63米。院落东西阔10.35米，南北进深23.5米。

高平市西韩村玉皇庙明代山门舞楼

西韩村位于高平市东20公里处，属北诗镇管辖。坐落在百花山脚下，明东河畔，东与东韩村毗邻，西与秦家庄村相望，北与南坪村相邻，南与炉引村接壤。村中现有386户，1600余人，村域土地面积约3.32平方公里，其中耕地面积1936亩，经济来源以种植业为主。

玉皇庙位于村中部，坐北面南，三进院，中轴线上自南向北依次为山门舞楼、前殿（菩萨殿）、中殿（佛祖殿）、后殿（玉皇殿），两侧侧殿、配殿、厢房、看楼、便门等尚存，但不完整，整个庙貌布局大致完整。

正殿祀玉皇大帝，坐北面南，悬山顶三楹，脊施琉璃，但仅存鸱吻一件，余皆灰脊，雕作飞龙卷草，游弋于屋脊之上。鸱吻尚存，垂兽俱无，屋顶坡面筒瓦覆布。进深六檩五椽，五架梁前施单步梁，屋内三架梁层叠于五架梁之上。方形抹角石柱，方凳础，柱础四角浮雕如意云纹，四面各雕瑞兽，有飞马、雄狮、麒麟等。柱上施雀替、额枋、大额枋，浮雕飞龙、舞凤、牡丹、白莲等。柱头科三踩单昂，耍头蚂蚱头，拱面抹斜。平身科各一攒，三踩单翘，出斜拱，五缝，耍头三幅云。

高平市北诗镇西韩村玉皇庙平面图
绘图：王潞伟

东西侧殿祀二仙和高禖，硬山顶二层三楹，灰脊板瓦盖顶。进深四椽，带前廊。下层方形抹角石柱，方凳础。柱上施大额枋，梁头直接伸出，不加雕饰。上层圆木柱，柱间装有木质勾栏，柱头科斗口跳，耍头蚂蚱头。东西两侧各有腰楼三间，可通往侧殿二层。腰楼下设楼梯，东为木质，西为砖砌。下层方形石柱，上层圆木柱，柱间施木质勾栏，柱头科斗口跳，瓜棱斗，耍头蚂蚱头。

东西配殿硬山顶各五间，封火山墙，灰脊板瓦盖顶。进深四椽，南侧两间带前廊，接中殿两侧披门。方形石柱，方凳础，柱上施大额枋，梁头伸出。

中殿祀如来佛祖，坐北面南，悬山顶三楹，灰脊筒瓦，进深四

高平市西韩村玉皇庙明代山门舞楼

椽。方形石柱，素平础，柱上施大额枋。柱头科三踩单翘，瓜棱斗，拱面抹斜，正心万拱隐刻，梁头伸出作耍头，刻作麻叶云头。平身科各一攒，造型较为独特，小驼峰上施瓜棱斗，斗口跳，耍头三幅云。

中殿两侧东西厢房廊庑各五间，硬山顶，灰脊板瓦。进深四椽，带前廊。方形小抹角沙石柱，方凳础。柱上施额枋，平板枋。柱头科斗口跳，耍头三幅云。

下殿祀观世音菩萨，悬山顶三楹二层，灰脊筒瓦盖顶。鸱吻、垂兽残缺不全。进深四椽，五架梁与三架梁层叠。中院看，中殿为一层，方形石柱，素平础。柱上施大额枋，梁头伸出。下院看，中殿为重檐悬山顶，前檐半坡进深一椽。一层方形石柱，素平础，柱上施阑额、平板枋，梁头伸出，不加雕饰。二层方形石柱，柱上施雀替、额枋、大额枋，浮雕卷草、牡丹等，柱头科斗口跳，耍头三幅云。柱间装有木质隔扇。中殿两侧辟有掖门各一间。庙内顺治九年《创建舞楼记》碑刻砌于中殿西侧山墙[1]，由此推断，中殿可能为顺治九年所建舞楼。现存山门舞楼为之后重建。

下院为剧场院。东西两侧看楼悬山顶二层三间，灰脊板瓦盖顶，进深四椽。方形石柱，高2.16米，柱上施阑额、平板枋。梁头伸出，护朽不存。二层方形石柱，柱高2.5米，柱上施阑额、平板枋，柱头科斗口跳，耍头蚂蚱头，翼形拱。平身科施镂空雕垫板，明、次间各一，柱间装有木质勾栏。看楼通面阔11.2米，进深2.2米。

山门舞楼兼作山门与戏台。悬山顶三间，灰脊板瓦盖顶，鸱吻、垂兽、角兽损毁严重。庙外山门，抱厦三间，单坡面，进深一椽。方形抹角石柱，方凳础。柱上施雀替、阑额、大额枋，浮雕莲花、牡丹、飞禽、走兽等。柱头科三踩单昂，翼形拱，耍头蚂蚱头。平身科各一攒，三踩单翘，出斜拱，五缝，拱面抹斜，耍头蚂蚱头。大门为木质实榻板门，门额题字"玉皇庙"。戏台进深四椽，方形抹角石柱，柱上施阑额、平板枋。柱头科斗口跳，耍头三幅云。平身科施木质雕花垫板，明、次间各一。戏台两侧为东西耳楼，悬山顶三间，灰脊板瓦盖顶，进深四椽，为艺人化妆、临时休息之地。戏台通面阔

---

[1] 碑存高平北诗镇西韩村玉皇庙中殿西侧掖门墙壁内。

7.68米，其中明间2.6米，进深4.9米。柱高2.7米，基高2.5米。耳房通面阔5米，进深3.9米。下院南北宽9.5米，东西深13米。

据万历三年（1575）《创建玉皇庙记》载[1]，玉皇庙创建于明万历三年。万历丙戌十四年（1586）《新建二仙暨子孙殿记》载："一时并建拜殿、舞楼五间，其所以春祈秋报者有其地"[2]。可知，玉皇庙舞楼创建于明万历十四年，面阔五间，规模较大。另据顺治九年《创建舞楼记》可知，顺治年间所建舞楼为重新创建，明万历所建舞楼可能改作他用。

高平市王何村五龙庙明代庆云楼

王何村位于高平市西北约5公里处，五龙庙位于村东，坐北面南，一进院，残毁严重。现存正殿、山门舞楼、两侧看楼、耳楼数十间，未被确立为任何级别保护单位。

山门舞楼位于庙院南端，坐南面北，悬山顶三楹，一面观，过路台，下有拱券门洞，两侧带有耳楼戏房。通面阔三间7.65米，其中明间2.6米，进深4.83米。左右二层耳房各三间，上层与戏台后台相通，下层砖券门洞高1.98米，宽2米，为山门。门额横批石刻"古庆云"，落款为"时天启五年六月吉旦"。正殿脊枋亦有是年题记。院两侧北部为廊庑，南部为二层看楼各九间。

---

[1] 碑存高平北诗镇西韩村玉皇庙后殿山墙内。

[2] 碑存高平北诗镇西韩村玉皇庙后侧殿。

高平市王何村五龙庙明代庆云楼

高平市上韩村玉皇庙山门舞楼

上韩村位于高平市南部5公里处，属南城办管辖，西接朴村，东邻川起，北与龙渠相连，南与下韩村相望。总面积3000余亩，其中居住用地896亩，耕地面积717亩，林地面积487.7亩，全村共204户，800余人。韩姓为村中大姓，占90%，村民经济来源主要依靠种植蔬菜及外出务工。

玉皇庙位于上韩村北部偏东，坐北面南，三进院落。沿中轴线自南向北依次建有影壁、山门舞楼、春秋楼（正面看楼）、正殿，两侧侧殿、配殿、厢房、戏房、看楼等俱存，但有不同程度残损。庙院随地势自南向北逐渐抬升，如乾隆二十八年《创修春秋楼碑记》载：

高平市城区上韩村玉皇庙平面示意图
绘图：王潞伟

"夫是庙之建，据村落之上游，北自邑之西山迤口而来，南望印山峰峦拱翠，宛若屏障盖天钟秀，于是而乡人因势创建，以为一乡之巨镇也"[1]。

下院现为上韩村村委会，庙门对面最南端砖砌一高大的影壁，面阔三间，硬山顶式，中高侧低，灰脊板瓦，鸱吻有损。中间影壁中心砖雕圆形"福"字，四周直角处皆雕作仙草神兽，两侧影壁皆装饰有砖雕直棂式窗及花格，檐下施砖雕斗拱用以装饰。

山门位于舞楼下方，悬山顶，半坡单开间，灰脊板瓦，鸱吻存。方形石柱，方凳础，柱上施额枋、平板枋，雀替与额枋雕绘山水牡丹，柱头科斗口跳，平身科为扇形浮雕垫板。门额题字"玉皇庙"。

从下院登十级台阶进入中院，亦即剧场院。剧场院正北为春秋楼，南为山门舞楼，两侧为看楼。春秋楼悬山顶，面阔七间，灰脊板瓦盖顶。虽为两层，但由于建在高约两米的沙石台阶上，显得高大宏伟。春秋楼兼具神殿与正面看楼两项功能，较为少见。一层明间为二道山门，施以方形小抹角石柱，其余皆砖砌垛墙以承接上层石柱，各间辟方窗一孔用以观赏戏台上的演出，后墙有拱券门洞，用以供奉

---

[1] 乾隆二十八年《创修春秋楼碑记》，碑存高平市南城办上韩村玉皇庙。

神位。二层前檐皆施方形小抹角沙石柱，砖砌一米高矮墙以作护栏，上施木制格窗。明间供奉关帝，关平、周仓陪侍，其余各间为观赏戏曲演出所用。东西两侧看楼硬山顶各五间，进深二椽，二层，与正面看楼一层梢间相通，下层方形沙石柱，方凳础，柱头科斗口跳，翼形拱，平身科无，柱上承大额枋，不加雕饰。上层小抹角沙石柱，柱头科斗口跳，平身科施方形木块。正面看楼通面阔17米，进深2.9米，上下十二楹（除二道山门、春秋阁）。东西二层看楼为硬山顶，通面阔11米，进深2.6米，上层柱高2.5米，下层柱高2.2米，其中柱高30厘米。二层明间正脊枋原有题记，但现已无法辨识。

舞楼悬山顶三间，三面观，进深四椽，灰脊板瓦盖顶，鸱吻尚存。上下层皆方形抹角沙石柱，素平础。上层柱上施大额枋，雀替不存，浮雕飞龙、喜鹊、牡丹等内容。柱头科斗口跳，翼形拱，平身科各一攒，斗口跳，皆出斜拱。戏台隔扇已不存。后台两侧山墙皆开拱券小门，可进入戏房。戏房硬山顶，东西两侧各两间，进深四椽，灰脊板瓦盖顶，作为戏曲艺人化妆、临时休息的场所。戏台通面阔7.7米，其中明间2.6米，进深5米。柱高2.75米，无柱础，基高2.5米。戏房通面阔5米，进深4米。院落南北进深13米，东西阔14米。

过二道山门，拾级而上进入上院。最北端为正殿，供奉玉皇大帝。悬山顶三楹，进深六椽，带前廊。方形抹角石柱，方凳础。柱上施大额枋，雀替残损，额枋上浮雕牡丹等内容。柱头科斗口跳，翼形拱。平身科施以方形木块。正殿东西侧殿各三间，硬山顶，进深四椽。

晋城市高平市上韩村玉皇庙正面看楼

　　东西侧殿与配殿之间有二层腰楼相连。腰楼硬山顶三间，进深二椽，西侧次间设楼梯。配殿硬山顶五间，进深四椽带前廊。方形小抹角沙石对柱，方凳础。柱上承额枋，柱头科斗口跳，翼形拱。平身科无。

　　玉皇庙创建年代难以稽考，庙存最早碑刻为大清进士邹承颖撰乾隆二十八年《创修春秋楼碑记》，记载春秋楼于乾隆二十八年竣工，碑载："是庙南壁中间创修春秋楼七楹，宏敞洞达，旁列诸仙如在几席间"[1]，可见春秋楼建成于乾隆二十八年，其开间七楹的形制与当前遗存形制一致，据此可知，该庙正面看楼建成于乾隆二十八年，遗憾的是，碑文并未提及此为"看楼"，直至咸丰九年（1859）《重修彩

---

　　[1]清进士邹承颖撰乾隆二十八年《创修春秋楼碑记》，碑存高平市上韩村玉皇庙。

画妆修玉皇庙、土地祠功德碑记》载："彩画中院过亭看楼厦棚"，才直言此为看楼，咸丰九年并非创建，只是对其进行了彩画而已。

舞楼创建于何时亦无可考，据邑庠生田雨咸丰二年（1852）撰《玉皇庙合社碑记》载"咸丰二年，岁在壬子孟秋之秋献戏酬神"可知[1]，舞楼创建下限为咸丰二年。咸丰九年（1859）《重新彩画妆修玉皇庙、土地祠功德碑记》载："自道光二年开工补葺，迄今三十余年未获完全"，工程一直延续到咸丰九年才得以全面竣工。长达三十余年的重修过程中，共修"前院戏台、耳楼、看楼、大门上下东西共三十五间""后院正殿、耳楼、风口禅房，上下东西共三十四间""中院过亭、看楼、厦棚、骡院钟楼，上下东西共四十四间"等，其中戏台、东西看楼、正面看楼皆在此次重修的范围之内。其中正面看楼的修建及遗存为神庙剧场的特例十分罕见，这无不体现出民众对戏曲审美主体（神与人）地位的调整与转变。

高平市良户村大王庙剧场

良户村是中国历史文化名村，位于高平市西25公里处，隶属原村乡。良户村三面环山，一面临水，主要建筑依地形顺势选址，民建古居、阁楼老房高低错落、布局有序、结构精巧，保存较好的有上百处。村中还有玉虚观、大王庙、关帝庙、汤王庙等古庙宇建筑多处。

---

[1] 邑庠生田雨咸丰二年《玉皇庙合社碑记》，碑存高平市上韩村玉皇庙。

高平市良户村大王庙正面看楼、看台

现良户村已列入中国历史文化名村之列。

　　大王庙，俗称"金龙四大王庙"，位于村东，依地势而建，坐南面北，北低南高，整个庙院东西宽20.6米，南北深35.6米。道光十八年（1838）《大王庙创修前院碑记》载："位居离宫，大河临其前，不诚巍巍然也哉！"民国十七年（1928）《大王庙补修碑记》亦载："镇位离宫，负山带水"。庙内存有乾隆二十九年（1764）至民国十七年（1928）碑刻若干通，记录了修缮庙宇、庙产置地等相关事宜。现为二进院，正殿、配殿、看台、看楼、戏楼、戏房等建筑若干间，但残损严重。

　　上院正殿三楹，悬山顶，灰脊筒瓦盖顶，进深六椽，七架梁通搭前后，东西侧殿硬山顶各一楹。东西配殿各悬山顶三间，灰脊板瓦盖顶。戏台三楹，屋顶今日坍塌，其通面阔8.25米，其中明间2.9米，进深5.3米。柱高2.5米，基高1.5米。两侧耳房硬山顶各三间，通面阔6米，进深4米。东西两侧看楼悬山顶三楹，板瓦布顶，坍塌严重，通面阔7.2米，进深3.4米。院落东西阔13.4米，南北深8米。

* 高平良户村大王庙平面示意图
绘图：王潞伟

大王庙剧场院特殊之处在于该庙至迟在嘉庆十五年修建了正面看台，庙内嘉庆十五年《大王庙碑记》有"修看台"的相关记载，至道光十八年又在正面看台基础上修建了正面看楼，道光十八年《大王庙创修前院碑记》载："院前有舞楼，东西仅建墙墉，不足以壮观瞻，何以别士女之望？""自道光壬辰年……共举前院，当建看楼数间……东西特立看楼上下十二间"。可见正面看台的修建要早于东西看楼。正面看台为沙石砌就的阶梯式，上门两侧阔3.85米，每阶高40厘米，面宽50厘米。看台之上，山门两侧，存若干抹角沙石柱，当为正面看楼之遗存，正面看楼是否与东西两侧看楼修建时间一致，现不可考。王金平等所著《良户古村》中言，从功能上看"戏台对面的看台，高高升起，一方面满足了观众的视线要求；另一方面，也较好地考虑了建筑声学的要求，取得了很好的混响效果"[1]。

良户古村不仅比较完整地保留了庙宇、民居建筑，而且至今都较为完整地传承了街道士、出旗山、擎神会、百子桥、送鬼王、晒龙王、散路灯、迎神赛社等许多独特的民俗文化。

高平市柏枝庄西花山玉皇庙剧场

柏枝庄隶属于高平市寺庄镇，距离高平市区10公里，这里三面环山，一面是川，土地肥沃，交通便利，地下资源丰富，自然风光秀

高平市柏枝庄西花山玉皇庙正面看楼

---

[1] 王金平、于丽萍、王建华、韩卫成：《良户古村》，中国建筑工业出版社，2013年版，第57页。

134

美。西花山在柏枝庄西北方向，隶属寺庄镇，玉皇庙坐落于西花山主峰之上，坐北面南，三进院（后院为近年增修）顺地势而逐级抬升。2007年确立为晋城市重点文物保护单位。

高平市柏枝庄西花山玉皇庙
绘图：王潞伟

后院正殿悬山顶五楹，脊施琉璃，黄色琉璃筒瓦盖顶，为大雄宝殿，正殿脊枋题记曰："柏枝庄村委会、党总支公元2004年农历二月二十八日动土创修大雄宝殿一院，由山西古建工程公司承建，于2005年农历九月九日上梁大吉大利。"东西配殿硬山顶各三楹。

中院正殿悬山顶三楹，脊施琉璃，筒瓦盖顶，鸱吻、垂兽为近年更换。圆木柱，方凳础。柱上施大小额枋，柱头科三踩单昂，耍头三幅云。进深六椽，带前廊，七架梁通搭前后，供奉昊天玉皇上帝。东西侧殿硬山顶各三楹，供奉蚕神与高禖神，光绪十四年《补修西花山顶玉皇庙碑记》载："西花山顶旧有玉皇上帝庙宇一所，东北殿蚕神，西北殿高禖"[1]。

下院为剧场院，舞楼位于最南端，坐南面北，悬山顶三楹，脊施

---

[1] 光绪十四年《补修西花山顶玉皇庙碑记》，碑存高平市柏枝庄西花山玉皇庙内，尺寸未测。

黄绿琉璃，筒瓦盖顶。鸱吻、垂兽为近年更换。方形木柱，须弥座方凳础，柱上施大小额枋，不施斗拱。进深四椽，五架梁通搭前后，移柱造，明间开阔，五架梁梁头置于明间大额枋上。通面阔8.6米，其中明间5.1米。通进深5.5米，基高1米，柱高3.7米。东西两侧现为碑亭，悬山顶各五檩，屋顶灰脊筒瓦覆布，亦可做看亭使用。

该庙较为独特之处在于二道山门东西两侧各建有看亭三间，形制一致，硬山卷棚顶，屋顶筒瓦覆布，圆木柱，柱上施大小额枋，柱头科斗口跳，梁头伸出，刻作三幅云。平身科施以雕花垫板，进深五椽，六架梁通搭前后。南北通透，仅设高约1米的矮墙，北向明间设有入口，东西山墙砌封。看亭面阔7.2米，进深4.7米，是庙内观剧的绝佳场所。

玉皇庙创于何时不可考，庙内年代最早的存碑为道光二十八年（1848）《重修西花山玉皇庙碑记》，碑云："殿宇荒凉，台榭剥蚀"，可知道光之前，舞楼已存，且载录相关献戏活动，碑云："道光乙巳之……神之期戏之误者至再至三，诸首事者虔诚祈祷，献补戏兴工。二阄卜补戏不吉，卜兴工之举大吉，乃知久废思兴□固然也"[1]。庙内正面看亭创修于何时亦不可考，光绪十四年《补修西花山玉皇庙碑记》载："依旧补葺南面看亭"、民国十二年（1924）

---

[1] 道光二十八年《重修西花山玉皇庙碑记》，碑存高平市柏枝庄西花山玉皇庙内，尺寸未测。

《无题碑》云："东西看厅六楹"[1]，皆指庙内二道山门两侧看亭，分别于光绪十四年、民国十二年进行过修缮。

另外，庙内光绪十四年《补修西花山玉皇庙碑记》云："演戏时节将何以栖梨园子弟欤"，可见当地社众、维首在建制剧场院时，不仅考虑社众观剧的舒适度，而且努力为梨园子弟创造最佳休憩之所，在庙外建"西戏房五间……可谓容身之地"，"以人为本"的理念占据主导地位。

高平市云南村三元庙剧场

高平的米山镇位于市区东5公里处，总面积69.67平方公里，辖37个行政村，58个自然村。米山镇文化灿烂，历史悠久，旅游景点众

高平市云南村三元庙正面看楼

---

[1] 民国十二年《无题碑》，碑存高平市柏枝庄西花山玉皇庙内，笏首，尺寸未测。

高平市米山镇云南村三元庙平面示意图
绘图：王潇伟

多，主要有定林寺、廉颇庙、祁贡墓、风神洞等。

云南村位于高平市东10公里处，隶属米山镇，原为云泉西里。三元庙位于村中，内外两院。现存正殿、配殿、厢房、山门、耳楼（正面看楼）、庙外戏台、戏房等建筑数十间。

三元庙，俗称三官庙，源于古人对天、地、水的崇拜，侍奉上元天官紫微大帝、中元地官青灵大帝以及下元水官旸谷大帝，属道教神灵，地位不高，但与民间大众生活关系密切。其主要功能为天官赐福、地官赦罪、水官解厄；诞辰日分别为农历正月十五、七月十五、十月十五。

正殿悬山顶三楹，屋顶灰脊板瓦覆布。方形沙石柱，素平础，柱上施大小额枋，小额枋下置雀替，镂空雕作祥云飞龙、鲜花卷草。柱头科三踩单下昂，各一攒，出斜拱，平身科不施斗拱。进深四椽，带前廊。正殿脊枋题曰："大清康熙四十二年六月初一日乙亥日午时上梁重修正殿"。东西两侧配殿厢房硬山顶各三楹，为二层楼式建筑，可能为原看楼。通面阔7.1米，进深3.4米，遗存柱高2.376米，二层柱高2.23米。

山门并两侧耳楼硬山顶七楹，灰脊板瓦盖顶。看楼南向檐下，柱头科施斗拱，三踩单翘，耍头三幅云，两侧置翼形拱。屋顶内设天花板，梁架无法看到。据村民讲述，过去庙外戏台唱戏，此为看楼。20世纪80年代初，对此三元庙山门、看楼及戏台进行过修缮，直至今日。正面看楼通面阔16米，进深5.2米。

舞楼位于庙外，坐南面北，悬山顶三楹，现被村中幼儿园占用。两侧耳房各一间，悬山顶，北向辟圆形窗。舞楼通面阔三楹7.1米，其中明间2.5米，进深4.4米。基高2.6米，柱高1.8米。两侧耳房面阔4米，进深4.6米。

据庙内现存嘉庆二十年《缮修三元庙增修阅剧楼碑记》载："凡殿庑门榭仍旧贯，惟于大门之外增修阅剧楼六楹，虽非居神之所，亦一方之巨观也。自嘉庆十三年八月吉日，典立于兹落成"[1]，可知，三元庙庙外"阅剧楼"于嘉庆十三年创建，为三元庙敬神献戏之地。另一纪年不详碑刻《……妆塑四帅高禖碑记》载："旧有演剧楼三楹，湫隘将圮，兼之正殿上盖时又剥落，四帅尘封，高禖亦颓，均有待修妆者也……演剧楼则更其旧制，易为五楹，中为演剧所，两旁侧楼为优人憩息之区，下亦可以牧畜。虽无秦楼楚馆之盛……"[2]据碑文内容推断此碑当刊立于嘉庆二十年之后，且此次修缮庙外演剧楼更其旧制，将原来六楹改为五楹，且言明"中为演剧所，两旁侧楼为优人憩息之区，下亦可以牧畜"，将舞楼、戏房、马厩之功能记载得非

---

[1] 嘉庆二十年《缮修三元庙增修阅剧楼碑记》，碑存高平市米山镇云南村三元庙西配殿基座下，尺寸未测。

[2] 纪年不详碑刻《……妆塑四帅高禖碑记》，碑存高平市米山镇云南村三元庙院中，尺寸未测。

常详细。对比庙外现存舞楼之形制，确为嘉庆二十年之后改建的形制格局。

高平市企家院村二仙庙过街式山门舞楼

企家院位于高平市区西北2公里处，原名弃甲苑，相传是战国后期赵军兵败，弃甲而逃之地，故名。二仙庙居村中部，坐北面南，二进院，正殿、侧殿、配殿、二道山门、看楼、戏楼俱存，但残毁严重。庙存乾隆至道光年间碑刻8通，壁画题记1处。

上院南北15米，东西7.8米。正殿为清式建筑，供奉二仙真人。悬山顶三楹，通面阔7.7米，其中明间2.55米。进深五椽，带前廊，通进深7.35米，其中廊深1.35米，基高0.8米。灰脊鸱吻损毁严重，筒瓦覆布。檐柱为小八角沙石柱，方凳础，无柱侧角、柱生起。柱头斗拱一跳三踩，单下昂。平身科明、次间各一朵，明间一朵出斜拱。昂嘴、耍头均被锯毁。正殿前有石砌献台，与正殿相连，进深2米，阔与正殿等同，供祭拜所用。

东西侧殿各两楹，进深四椽。东侧殿供奉牛马王尊神，西侧殿供奉高禖尊神。嘉庆十六年《东西两殿塐像布施记》载："东西两殿已将所祀之神议定，谓东殿牛马王尊神，西殿高禖尊神"[1]。东西配殿各四楹，进深四椽。过厅面阔五楹，进深四椽。悬山顶，板瓦覆布，

---

[1] 嘉庆十六年《东西两殿塐像布施记》，碑存高平市北城办企家院二仙庙正殿前廊，笏首，碑高157厘米，宽49厘米，侧宽22厘米。

明间置小抹角青石柱，柱头施阑额、平板枋。柱头科斗口跳，平身科不施斗拱。南向有石砌垂带踏道，十八阶，为上下院主要通道。明间施木质门框，门额题字"学毛著"，为"文化大革命"时期题写。次间槛墙1米，上置木质小方格窗。尽间南墙全部砌封，从次间可入内。

舞楼位于庙宇最南端，朝向正殿，下层辟有东西走向的过街通道。通道被隔离于庙外，高2.21米，宽2.16米，长8.7米，可通车马。显然，这是山门舞楼的一种变体，变得直接脱离了山门，而将山门建在舞楼东侧。山门不在庙院的中轴线上，舞楼过街通道又逾出庙外，是其地理位置及地势的限制使然。

舞楼悬山顶，灰脊板瓦，用小抹角方形沙石柱，柱高3.14米。柱头施阑额、平板枋。梁头伸出刻作耍头，成斗口跳，置于柱头上，平身科唯明间一攒。整座建筑从用料到制作手法，都很简朴。但其脊却存有题记一条，曰："时大清乾隆三十三年阖社创建舞楼三楹，八月初二日吉时上梁。木匠王永泰、石匠牛松、瓦匠贾辅臣，统祈百福，并臻永久为记。"此即舞楼确切的建造时间。舞楼通阔三楹7.5米，其中明间宽3.25米；通进深五椽5.35米，其中后台1.8米。青石砌筑台基，基高1.75米。后台有小门通向戏房。

戏房三间与西看楼连为一体。看楼东西各三楹，悬山顶，灰脊板瓦铺顶，面阔7.3米，进深3.1米，损毁严重。上层用方形小抹角沙石柱，方凳础，柱头施阑额，平板枋，不施斗拱。柱间附施木质的如意方格栏杆，高1米。下层明间施六抹格子木门四扇，次间槛墙上置如意方格木窗。两座看楼的北侧均筑有石砌的台阶，可随意上下通行。

企家院村二仙庙废毁已久，原本四月十五日的庙会早已停办。

高平市井则沟村三教堂内外戏台

井则沟村位于高平市东5公里处，隶属米山镇。三教堂位于村西，与关帝庙仅一墙之隔，三教堂坐西面东，单进院。中轴线上自东向西依次为庙外戏台、山门舞楼、正殿、侧殿、看楼等。正殿脊枋有题记曰："时大清道光二十二年，岁在壬寅，三月壬子，补修三教堂三间……"庙存清康熙碑刻1通。

山门舞楼坐东朝西，悬山顶三间，进深四椽。下层方形沙石柱，素平础，高2.46米。上层全部砌封，柱头科斗口跳，耍头三幅云，平

高平市井则沟村三教堂庙外戏台

身科斗口跳，出斜拱三缝。屋顶后坡塌毁，后墙辟有两个方形窗。舞楼两侧的耳楼，为硬山顶二间，进深四椽。下层朝内辟一门一窗，上层朝内辟二窗。舞楼通面阔5.11米，其中明间宽2.48米，进深4.01米，基高2.54米。耳楼面阔3.75米，进深4.22米。

庙外戏台距山门舞楼约30米，坐东朝西，悬山顶三间，灰脊板瓦盖顶，进深四椽。台上竖方形石柱，高2.83米。柱上施额枋，柱头科斗口跳，翼形拱。平身科各一攒，出斜拱五缝，拱面抹斜。戏台后部山墙各辟拱券门，可通两侧耳房，北侧耳房已不存，南侧耳房一间，正面辟一方窗。戏台脊枋题字，戏台通阔7.3米，其中明间宽2.86米，进深5.21米，台基高1.02米。

南北看楼悬山卷棚顶二层，各三间，灰脊板瓦盖顶。北看楼下层砌封，辟一门二窗。上层进深四椽，带前廊，方形小抹角沙石柱，柱上施雀替、额枋、大额枋，浮雕莲花、牡丹、龙首、龙尾等内容；柱头科斗口跳，耍头三幅云，平身科无；檐柱间装木质方格勾栏，亦辟一门二窗。北看楼脊枋题字："时在中华民国三十四年，岁在……重修北看楼三间……"南看楼进深四椽，不带前廊。下层方形沙石柱，方凳础；柱头科斗口跳，翼形拱。上层方形抹角沙石柱，柱上施额枋、大额枋，明间额枋浮雕牡丹、孔雀；柱头科斗口跳，平身科无；柱间装木质方锦勾栏，亦辟一门二窗。

井则沟村三教堂庙会时间不详。

高平市上马游村汤王庙戏台

上马游村隶属高平市原村乡，地处原村乡东北部，与野川镇接壤，南与下马游、大坡沟为邻，传说这一带是长平之战时秦军牧马游战之地。汤王庙位于上马游村之东南隅，坐北面南，上下二重院，现存正殿、侧殿、配殿、戏台、耳楼、看楼、山门等，多为清代建筑，庙貌完整。其下院为剧场院，东西院宽14.9米，南北院深26.02米，可容数百名村民看戏。

戏台坐南面北，为悬山顶三间，三面观。屋顶红瓦覆布，脊施红陶脊，两角施鸱吻。原戏台屋顶残毁严重，2009年对戏台屋顶重新布瓦。戏台形制、格局、大物件皆为原物。

台上用方形小抹角石柱，方凳础。柱上施阑额、平板枋，阑额下施梯形雀替，雀替上绘有仙草、神兽等物。柱头科斗口跳，耍头蚂蚱头。平身科施以方形木质垫板，皆有彩绘。前后五檩四椽，五架梁上施二童柱，撑起平梁，平梁上再施童柱与叉手，共同撑起脊枋、脊檩。戏台两侧山墙后部各辟一拱券小门，可入两侧戏房。平柱题有楹联，曰："文官武将皆口贵，中国英雄万代红"，今人口吻。舞台通面阔7.04米，其中明间宽3.01米。通进深5.21米，沙石基高1.35米，柱高2.92米。戏台两侧各有二层戏房，东侧戏房下为山门。

东西看楼，俱为硬山顶二层三间，灰脊板瓦盖顶。方形石柱，素平础。柱头科斗口跳，梁头伸出，垂直截去，装饰护朽；平身科无。前后四架椽屋，五架梁上施二童柱，撑起平梁；平梁之上再施童柱、叉手，撑起脊枋、脊檩。两座看楼的面宽、进深并不完全相同。东看楼面宽7.05米，进深4.24米；下层柱高2.4米，上层柱高2.32米。西侧看楼面阔6.96米，进深4.3米；下层柱高2.4米，上层柱高2.37米。

此庙庙会是在每年的六月初六日，届时外请戏班演戏三日。其中有上党梆子剧团，也有上党落子剧团，有时还请河南豫剧团来演出。

高平市大粮山定林寺院外剧场[1]

大粮山位于晋城高平市米山镇境内，南北走向，属太行山脉。北倚七佛山，东接定林寺，主峰海拔1009米，传说廉颇曾在此山屯粮，因名大粮山。定林寺位于大粮山南麓，金大定二年（1162）碑载旧日"永德"，北宋时得赐名"定林"，故寺内有泉名曰"定林泉"。寺坐北面南，依山势而建，北高南低，三进院，东跨院两进院，与正院

高平市大粮山定林寺剧场平面示意图　绘图：王潇伟

[1] 冯俊杰的《山西神庙剧场考》对定林寺有相关考证，第522页。

连通。现存主要建筑有后殿七佛殿、中殿雷音殿、配殿天王殿、地藏殿、观音殿、山门、钟鼓楼、配殿厢房、舞楼等上百间，其舞楼位于寺院外西侧百米处，为乾隆二年兴建。寺内现存碑碣20余通，最早为两座名"弥勒出生经塔"的宋代经幢，一为太平兴国二年（977）镌刻，一为雍熙二年（985）镌刻。定林寺创建年代不详，金大定二年（1162）《大金泽州高平县定林寺重修善法罗汉二堂并施功德记》载："创建年远，不知源流。后唐长兴年间（930—933），有僧道能重修。皇统八年（1148），又有僧法兴重修"[1]。

定林寺山门重檐歇山顶三间，二层设平座，两侧各有侧面一间悬山顶。东西侧门外侧为钟鼓楼，三层悬山顶阁楼式建筑。雷音殿位于前院中轴线，歇山顶三楹，门砧石上有"（元）延祐六年"题字，脊枋题曰"大明成化十三年（1477）二月初二日重修""清宣统三年（1911）七月十八日重修"，从整体风貌看，金元时代风格明显。殿前砌有月台，当为寺内行法事、奏法乐之场所。后院正殿为七佛殿，悬山顶五楹，两侧配殿各三楹二层。

舞楼位于寺外西侧百米处，2013年8月修复。悬山顶三楹，三面观，屋顶灰脊筒瓦覆布，鸱吻、垂兽为近年维修更换。台上方形小凹角石柱，柱上置额枋、平板枋。柱头科斗口跳，梁头伸出刻作单幅

---

[1] 金大定二年《大金泽州高平县定林寺重修善法罗汉二堂并施功德记》，碑存高平市大粮山定林寺中院配殿廊下，笏首方趺，碑高173厘米，宽75厘米，侧宽21厘米。

云，两侧加翼形拱。进深四椽，五架梁通搭前后，上置二童柱，撑起平梁，平梁上置童柱、合踏撑起屋顶。北山墙后侧辟方形门洞，供艺人通行。无戏房、看楼等配套设施。舞楼通面阔7.1米，其中明间2.65米，侧开口宽1.15米，进深5.45米，基高1.5米，柱高3米。

该舞楼创建于乾隆二年（1737），台上至今留有乾隆二年《定林寺创建舞楼记》曰[1]：

> 寺旧无舞楼，浴佛日则砌台演剧。住持恒厌其烦苦，而力未逮也。适善信居士牛翔、王乘轩等，有五台进香社余银，爰发善念，创建舞楼，齐心同愿。众咸曰：可。住持海山因出其厨粟，搜其工料，以偿其不足，而成其善举焉。工经始于乾隆元年九月，落成于二年四月。恐其久而忘所自也，勒石以志之。庶后之观者，知善信之姓氏，且可以因敝增新而致悠久，毋替也乎！
>
> 姓氏列后
>
> 朱　铎　崔享祯　张有禄　王继臣　王　溥　牛坤德
>
> 郭聚德　贾　项　王布德　梁君德　杨成桂　牛　翔
>
> 王乘轩　共助工银二十七两
>
> 王家庄众善人等共助人工二百工

---

[1] 乾隆二年《定林寺创建舞楼记》，碑存高平市米山镇大粮山定林寺外西侧戏台北山墙内，壁碑，碑高43厘米，宽52厘米。王福才《高平市米山镇定林寺清乾隆二年<定林寺创建舞楼记>》已做详尽记录，参见冯俊杰《山西戏曲碑刻辑考》，第392—395页。

本寺僧人：海山　徒：寂全、寂印　助银一十七两，大小梁陆

根，并一切木料食米七石

　　国学生焦希贤撰

　　五瘟洞道人姬复常书

　　乾隆二年四月初一日勒石

　　玉工　李桂镌

　　碑刻载录显示，早在乾隆年间之前每年农历四月初八浴佛日便临时"砌台演剧"，至乾隆元年，本邑善信居士牛翔、王乘轩等，有五台进香社余银，爰发善念，创建舞楼，并且得到了寺内住持海山的认可与支持，"住持海山因出其厨粟，搜其工料，以偿其不足，而成其善举焉"，且国学生焦希贤及附近五瘟庙道士姬复常也为定林寺此次兴建舞楼而撰文书丹。体现出佛教僧侣、道家真人、儒家士绅、平民信徒等群体对佛教寺院兴建舞楼的一种积极支持的心态。定林寺之所以能够兴建舞楼，源于此寺僧侣与地方社会官民社众长期频繁的互助交流。早在大定二年（1162），定林寺时任住持洪福（本邑常乐村人）便"劝诱米山都巡检赵洪于法堂照壁之后塑观音大士一尊"[1]，向基层官员推荐佛教神灵及佛家理念，劝诱官员信奉佛教神灵。明万历二十年（1592）《大明泽州高平县定林寺积善记》载："万历庚寅

---

　　[1] 大定二年《大金泽州高平县定林寺重修善法罗汉二堂并郭公施功德记》，碑刻现存高平市米山镇定林寺内，笏首方趺，碑高116厘米，宽65厘米，侧宽22厘米。

春，镇民王孟林、孟连登、王东鲁等，有忧之虔心，同许每岁供水陆一堂，念药师、观音经各一藏，以三载为期，至万历壬辰秋，三载愿毕"[1]，可见定林寺的修缮得到了广大社众善士的大力支持，佛教僧侣与邻近村社善士居士形成了一种敬奉佛祖的"默契"，其碑后附本寺僧侣25人，可见此时定林寺佛教成员的势力并不弱。之后，万历四十六年（1618）《重修定林寺记》、康熙二十一年（1682）《定林寺金妆雷音殿佛像碑记》、康熙二十一年（1682）《定林寺维修记》、康熙二十二年（1683）《定林寺七佛殿创修东阁记》、康熙三十七年（1698）《定林寺稞地记》、雍正十三年（1735）《定林寺重修东耳楼记》、乾隆元年（1736）《定林寺种松碑记》、乾隆十五年（1750）《定林寺重修东西二亭记》等等，大量碑刻记载了社众善士与寺院僧侣共同合作维护修缮定林寺的相关事宜。由此看来，乾隆二年于院外兴建舞楼便不足为怪了。王福才先生认为定林寺在浴佛日除进行佛事活动外还要演戏礼佛，"说明戏曲演出在宗教民俗中成为不可或缺的部分"[2]。冯俊杰先生认为"定林寺是座千年古刹，正规寺院，僧侣们对待民间戏曲，由清初的勉强接受搭台演出，到后来的正式认可并创建固定舞台，态度转变的经过正反映戏曲对佛教寺院的冲击与渗透过程"[3]。

---

[1] 万历二十年《大明泽州高平县定林寺积善记》。

[2] 王福才的《高平市米山镇定林寺清乾隆二年（1737）〈定林寺创建舞楼记〉》已做详尽记录，参见冯俊杰：《山西戏曲碑刻辑考》，第392—395页。

[3] 冯俊杰：《山西神庙剧场考》，第524页。

高平市东周村仙佛寺山门舞楼

东周村，原称"周纂东村"，位于高平市西南马村镇，距城约20公里，居民约3000人，张、王、李、赵为主要姓氏。东周村附近有大周村古寺庙建筑群、高平炎帝陵、长平古战场遗址、羊头山炎帝文化旅游区等旅游景点。仙佛寺位于东周村西北隅，亦称"仙师庙"，坐北面南，正殿、配殿、侧殿、厢房、山门戏楼、耳房等保存完好。据寺中北宋景祐四年（1037）《新修仙师殿记》可知[1]，该庙创建于北宋景祐四年，庙内现有宋至清历朝碑刻20余通，为了解仙师庙的宗教信仰、祭祀演剧等历史文化面貌提供了重要证据。该庙至今未列入任何级别保护名录。

庙分上下两院，皆高于街道平面，下院位于一平台之上，近年修葺。中设镶嵌式踏道，为庙宇主要通道，外设铁制栏杆门为一进庙门，二道山门为舞楼背面，上下两层五间，带廊，无柱升起、柱侧角。下层皆为方形小抹角沙石柱，方凳础，柱头施大额枋，大额枋上承平板枋，下施雀替，皆有牡丹、飞龙等浮雕彩绘，其中明间为二龙戏珠浮雕。上层皆为圆木柱，柱间设有高约1米的木制栏杆，柱上施额

---

[1] 北宋景祐四年《新修仙师殿记》，现存高平市马村镇东周村仙佛寺内，笏首方趺，座高68厘米，宽81厘米，侧宽40厘米；碑身高118厘米，宽64厘米，侧宽22厘米。

枋，上承接平板枋。柱头科斗口跳，平身科为雕花翼形拱。上层明间檐下悬挂篆书"仙佛寺"木质匾额。

上院正殿悬山顶，灰脊筒瓦，鸱吻、垂兽、角兽、宝阁俱存。面阔五楹，通进深七架椽，前廊进深三椽。檐柱方形小抹角石柱，方凳础。柱上施大额枋，柱头科各一，一跳三踩单下昂，耍头蚂蚱头。平身科各一，一跳三踩单下昂。东西配殿厢房硬山顶，灰脊板瓦盖顶。通面阔七间，进深四椽，带前廊。檐柱为方形小抹角石柱，方凳础，柱上施额枋、平板枋，柱头科斗口跳，平身科置以云托。

山门舞楼，位于庙院南端，坐南面北，三面观。舞楼屋顶为复合顶制，悬山顶前坡带小歇山角，与两侧耳楼呈一高两低式样，灰脊筒

高平市马村镇东周村仙佛寺山门戏台

瓦、鸱吻、垂兽、宝瓶俱存，但有残损。平面呈"凸"字形伸出式舞楼。通面阔三楹7.26米，其中明间2.31米；通进深五椽带后廊5.28米，其中前台进深3.59米。台上金柱间设有木制隔扇区分前后台，隔扇已残损。檐柱用方形抹角石柱，柱高2.79米，柱间置石栏板，高0.3米，浮雕飞龙、喜鹊、麒麟、牛羊、鲜花、卷草等，一派祥和喜庆气象。柱上施额枋，明间雀替与额枋上浮雕飞龙，次间雕牡丹、凤凰。柱头科斗口跳，梁头伸出刻作麻叶云形耍头，施以云形翼拱；平身科无。后台带廊，设三门，皆六抹四扇，进深一椽。后台两侧山墙分别辟一拱券小门，可进入两侧戏房，戏房二层，面阔一间，进深约为戏台进深一半，后墙各辟圆形窗一孔，用于采光。戏台东侧专设楼梯是为演职人员上下戏楼的通道。戏台下层方形抹角石柱，明间宽2.6米，高2.78米，为该庙主要通道。

据寺中北宋景祐四年《新修仙师殿记》载[1]，仙佛寺由本社李训倡导创建于北宋景祐四年，确切无疑。起初仅是佛家境地，供奉"三圣佛"。之后关帝、虸王、药王、三峻、火星、河神等神灵逐渐配祀于仙师殿之前后左右，且历代皆有修缮。隆庆元年、万历八年对庙前石台进行了修缮[2]；万历十一年（1583）《创修护国灵贶庙碑记》载：

---

[1] 北宋景祐四年《新修仙师殿记》，现存高平市马村镇东周村仙佛寺内，笏首方趺，座高68厘米，宽81厘米，侧宽40厘米；碑身高118厘米，宽64厘米，侧宽22厘米。

[2] 万历八年《重修庙前石台记》，现存高平市马村镇东周村仙佛寺内，壁碑，高70厘米，宽45厘米，保存完好。

"择地于仙师庙之右侧，创立殿宇三楹，中塑圣像一尊，左右使者六事。"[1]；嘉靖四年新建望仙桥[2]；据康熙四十九年《重修仙师庙碑记》可知，至迟在康熙三十四年之前，仙师庙规模及所奉神灵为"其先殿三楹，栖神于其中，傍有二小殿，塑关帝、虸王、药王、三峻、火星、河神，下有廊房门庑，莫不森鲜毕具"[3]。碑载康熙三十四年地大震，庙宇尽毁，故而重修。乾隆三十九年（1774）《重修仙师庙碑记》载："补修仙师大殿，东殿三峻，东西廊房，南修舞楼，加以插飞。外院高禖殿、针翁殿、土地祠以及厨房、马棚，凡瓦兽之损坏者覆盖之，椽檩之朽坏者补易之，重涂墍茨，复施丹艧，功成告竣"[4]，可知庙宇规模及神殿布局已有大的扩充。

据康熙十四年《创修高禖神庙前舞楼碑记》，该庙舞楼创建于斯时。只是不以祀奉仙师为主，而以祀奉高禖为由，碑载："吾乡飨祀高禖，历年献戏则架木为台。于是玉寰赵君，病其观瞻不壮丽，纠同望楼崔善士，募化诸君臣口。余叔父坤，维君口章，黄君云霄，赵君

---

[1] 万历十一年《创修护国灵贶庙碑记》，存马村镇东周村仙佛寺内，螭首方趺，规格高132厘米，宽58厘米，侧宽32厘米，保存完好。

[2] 嘉靖四年《新建望仙桥》，碑存高平市马村镇东周村仙佛寺内，壁碑，高75厘米，宽48厘米，保存完好。

[3] 康熙四十九年《重修仙师庙碑记》，存马村镇东周村仙佛寺，碑身规格：191×66×24厘米；碑首规格：90×66×26厘米；碑座33×99×50厘米；保存完好。

[4] 乾隆三十九年《重修仙师庙碑记》，碑存东周村仙佛寺内，壁碑，规格101×48厘米，保存完好。

余亮，鸠工办料绘彩，巍峩厥功告成"[1]；乾隆三十九年（1774）《重修仙师庙碑记》载"南修舞楼"，是对该庙历久失修的舞楼进行了重新修缮；咸丰三年（1853）《重修仙师庙碑记》也载录了对该庙舞楼的修缮[2]，且是该庙一次较大规模的修缮。山门舞楼正脊枋原有题字，但现已无法辨识。从舞楼建筑风格推断，为清代建筑无疑。

高平市南村雷音寺山门舞楼

南村位于县城之东，距城约25公里，地处北诗镇东北部，西枕翠屏山，东接陵川县，南连南坪村，北靠中村。现有居民800余人，主要姓氏为秦、袁两姓。雷音寺位于村落中部，庙会为农历六月初六。现存山门舞楼、正殿、东西侧殿、配殿、厢房、看楼、耳房等各若干间，庙貌遗存较为完整，存康熙五年碑刻一通。

正殿悬山顶三楹，脊施琉璃，宝阁、宝珠、鸱吻、仙人、垂兽俱存，琉璃筒瓦布顶。柱头斗拱五踩双下昂，栿梁伸出作耍头，补间五踩双杪出45度斜拱，无昂，栿梁出作耍头，拱面均浮雕花卉，拱头刻瓣。正殿前接简易须弥式台基，束腰石间以方形蜀柱，雕刻简易。侧殿各三楹，悬山顶。

---

[1] 康熙十四年《创修高禖神庙前舞楼碑记》，现存于高平市马村镇东周村仙佛寺内，壁碑，笏首方趺，规格：97×60厘米，保存一般。

[2] 咸丰三年《重修仙师庙碑记》，现存马村镇东周村仙佛寺内，螭首方趺，碑身规格：196×67×19厘米；碑首规格：95×81×37厘米；碑座规格：102×55×35厘米；保存完好。

山门舞楼，坐南面北，悬山顶三楹，三面观。屋顶灰脊，浮雕行龙，板瓦仰俯叠合覆布，鸱吻、宝瓶、垂兽俱为新补。下层方形小抹角沙石柱，无柱础，柱头装护朽。次间砌墙，做门房。舞楼上方形小抹角沙石柱，无柱础，柱上施额枋。柱头科，三踩单下昂，耍头三幅云，瓜棱坐斗。平身科出一翘，耍头三幅云，出斜拱，五缝，雕作祥云。舞楼后台两侧各辟一方形小门，可入耳楼。通面阔7.98米，其中明间3.03米，进深四椽4.4米，基高2.65米，柱高2.4米。东西耳楼硬山顶两楹，灰脊板瓦布顶。前后各辟圆形窗一孔，利于采光。舞楼前台东侧开口处砖砌台阶，供戏曲艺人上下戏楼所用。耳楼通面阔6.7米，进深4.4米。耳楼与看楼之间有两小间腰楼相连，硬山顶，板瓦布顶。东西看楼悬山顶各六楹，屋顶灰脊板瓦覆布，通面阔13.64米，进深5.37米。上下层均为方形小抹角石柱，柱头施额枋，平板枋。下层柱础为方凳础。上层柱头科斗口跳，梁头伸出，刻作霸王拳，柱高2.18米。庙院为标准的剧场院形制，青砖墁地，东西宽13.68米，南北深15米。

高平市炉引村善引寺山门舞楼

炉引村位于高平市东部25公里处，隶属北诗镇，地处山区，现有居民286户，1035人。经济来源除农业收入外，还有制作鞭炮，是远近闻名的"花炮村"。善引寺位于村西北，坐南面北，上下两重院。2011年整体修缮。现存庙貌沿中轴线自南向北有正殿、山门舞楼、影壁，两侧有侧殿、配殿、看楼、耳房。

正殿悬山顶三楹，灰脊筒瓦盖顶，琉璃剪边，宝瓶、鸱吻、垂兽皆为新换。方形小抹角石柱，方墩础。柱上施大小额枋，小额枋两侧下施雀替，雕满龙凤、牡丹、卷草。柱头斗拱三踩单昂，耍头三幅云。平身科三踩单翘，出斜拱，三缝。进深五椽，五架梁对前单步梁。两侧殿硬山顶各三楹，灰脊筒瓦，进深四椽。东西配殿悬山顶各三楹，灰脊筒瓦，方形石柱，方墩础，进深四椽，带前廊。

山门舞楼悬山顶三楹，屋顶灰脊筒瓦，宝阁、鸱吻、垂兽俱存。上下层皆为方形小抹角沙石柱，下层方墩础，上层素平础，上层柱底部施石质栏板，高约20厘米。柱上施大小额枋，小额枋两侧施丁头拱，拱下置雀替，皆有彩绘。柱头科三踩单昂，耍头三幅云。平身科三踩单翘，出斜拱，五缝，耍头作龙首。进深四椽，五架梁通搭前后。五架梁上置双童柱，撑起三架梁，三架梁上再施童柱、叉手，共同撑起屋脊。戏台上青砖墁地，两侧山墙各辟拱券门洞一孔，可入耳房。舞楼通面阔7.9米，其中明间3.3米。进深5米，柱高上层2.9米，下层3米。两侧耳楼硬山顶各两间，面阔4.25米，进深3.7米。东西看楼悬山顶各四楹，屋顶灰脊筒瓦覆布。下层方形小抹角沙石柱，方凳础，柱上置大小额枋，额枋下施雀替。梁头伸出，刻作麻叶云置于柱头，平身科置雕花翼拱。上层方形小抹角沙石柱，不施柱础，柱间设木质勾栏，高约1米。柱上置大小额枋，小额枋两侧浮雕牡丹，下置雀替。柱头科斗口跳，梁头伸出，刻作三幅云。平身科置雕花垫板。东西看楼脊枋均有题记，西看楼曰："时大清光绪二年岁次丙子丙甲月创修

高平市北诗镇炉引村善引寺山门戏台

东看楼四间丙子日吉时合木上梁竖柱大吉，社首等，僧本起，三班匠艺，石王斗发，木杨聚，瓦袁聚泰，永垂不朽云耳"；东看楼曰："时大清光绪二年岁次丙子丙甲月创修东看楼四间丙子日吉时合木上梁竖柱大吉，社首等，僧本起，三班匠艺，石王斗发，木石中义，瓦袁聚泰，祈福保安，永垂不朽云耳"；两处载录基本一致，仅木匠不是同一人。看楼通面阔9.8米，进深3.6米，下层柱高2.65米，上层柱高2.4米。下院剧场院东西阔9米，南北深12.5米。

善引寺创建年代不可考，据庙内2011年《重修善引寺碑记》载："明代以降，斯庙数十次重修葺缮"，可知善引寺可能创始于明末清初。据东西看楼载录可知，善引寺剧场院至迟创建于光绪二年。庙管先生言，过去称此庙为佛堂，正殿供奉观音、文殊、普贤三位菩萨，配殿祀奉地藏菩萨与护法伽蓝关圣帝君。

高平市界牌岭村甘露寺山门舞楼

界牌岭位于高平市河西镇，南与泽州县毗邻。现有居民约300户，1300余人，主要姓氏为郭姓。甘露寺位于界牌岭村东南隅，坐西面东，一进院。现存山门舞楼、正殿、东西侧殿、配殿、厢房、耳楼若干间。

正殿悬山顶三楹，进深五椽，带前廊。正殿面阔8.5米，进深5.4米，基高0.8米。正殿脊枋题字："时大清康熙七年岁次戊申菊月廿四日庚申辰时竖柱上梁，于劳劳亭后创建甘露庵三楹，住持僧人口橙海潮纠领一方善信众等修后，风调雨顺，国泰民安，工毕书之，永为吉兆记耳。乾隆二十七年五月重书"。金枋题字："时乾隆二十七年岁次壬午五月十五日……上梁，住持湛静、湛法、湛清募化凤高善士捐赀重修正殿三间，左右耳房六间，修后政和年丰，民康物阜，永为记耳。"可知，甘露寺为康熙七年创建，乾隆二十七年进行了重修。东西配殿硬山顶各三楹，二层，面阔8.15米，进深4.6米，基高0.1米。东西厢房硬山顶各五间。

山门舞楼悬山顶三楹，坐东朝西。屋顶灰脊板瓦覆布，宝珠、鸱吻、垂戗、脊兽俱存。山门三门，位于舞楼后方，屋顶为单坡单檐歇山顶制，黄色琉璃瓦布顶，脊施琉璃，垂戗、脊兽俱存。方形小抹角石柱，石质方凳础，柱头施阑额、平板枋，柱头科斗口跳，平身科斗口跳，明、次间各一攒。门额题字"甘露寺"，舞楼下层明间设木质屏风，两侧为通道，屏风题字"普渡众生"，明间石柱有楹联曰："闪烁昙花带古香，缤纷金像离尘俗。"舞楼二层进深四椽，方形小抹角石柱，无柱础。柱头施阑额、平板枋，柱头伸出霸王拳，平身科斗口跳各一攒。舞楼正脊题字："时乾隆十七年孟夏□建舞楼三楹，左右耳楼六间，住持湛法、湛静请到木工王春发，泥水匠许占先，玉工董天福，自修之后，永保阖村人口平安，五谷丰登，田蚕茂盛，四时兴旺，万事如意，永远以为记耳。" 舞楼面阔8.11米，其中明间2.94米，进深4.9米，柱高2.42米，下层山门通道宽2.9米。东西耳房硬山顶二层各三楹，为戏房，面阔7.13米，进深四椽4.23米。庙院东西长19.2米，南北宽12米。庙院东北角开一偏门，上有楹联曰："示甘露道使清凉，随众生心而化诱。"横批："国丰民安。"界牌岭村每年正月初八、六月二十六两次庙会，届时邀请剧团演戏酬神。

高平市北杨村三清庵戏台

北杨村位于高平市西北20余公里处，隶属野川镇，因自古以来，河边杨树成林，又地处野川河和南杨村的北面，故名北杨，现有居民400余户，1500余人。三清庵位于村中北部，坐北面南，两进院。现存正殿、侧殿、配殿、厢房、看楼、戏台等数十间建筑。2005年进行了整体修缮。

高平市野川镇北杨村三清庵剧场平面示意图
绘图：王潞伟

正殿悬山顶三楹，屋顶灰脊筒瓦覆布，黄琉璃瓦剪边，鸱吻、宝阁、垂兽等为近年更换。圆木柱，方凳鼓镜础，柱上施大额枋、由额、雀替，由额两侧与雀替雕作牡丹花卉。柱头科五踩双下昂，耍头蚂蚱头，平身科五踩双下昂，耍头作龙头，出斜拱，五缝。进深六椽，带前廊。供奉佛祖释迦牟尼、道家老子、儒家孔圣人。东侧侧殿硬山顶各两楹，东侧殿供奉天、地、水三官，西侧殿供奉三嵕神。东西配殿悬山顶各三楹，灰脊筒瓦盖顶。东为地藏殿，西为高禖殿。

二道山门原为山门舞楼，创修于嘉庆四年。现存嘉庆四年（1799）《三清庵创修舞楼碑记》载："上有殿宇以辉煌，下有舞楼以朝应"[1]，民国十四年（1925）《补修三清庵各殿碑记》载："外院舞楼，华丽雄壮，创始已然。独内院拜亭遮光蔽日，骑门舞楼阔中狭旁"[2]，"骑门舞楼"即山门舞楼。后因庵内狭窄，故兴建庵外剧场，以扩大剧场规模，形成了内外两座剧场的格局。今山门舞楼已改作社房。

---

[1] 嘉庆四年《三清庵创修舞楼碑记》，碑存高平市野川镇北杨村三清庵内，笏头方趺，碑高203厘米，宽64厘米，侧宽28厘米。

[2] 民国十四年《补修三清庵各殿碑记》，碑存高平市野川镇北杨村三清庵内，残碑，高105厘米，宽54厘米，侧宽18厘米。

庵外舞楼位于三清庵对面，前有马路贯穿，悬山顶三楹，灰脊板瓦盖顶，琉璃鸱吻、宝瓶、垂兽俱存，黄色琉璃筒瓦剪边。台上方形石柱，鼓墩础，柱上施大小额枋。柱头科斗口跳，耍头单幅云，平身科不施斗拱。进深四椽，五架梁通搭前后。通面阔8.9米，其中明间3.2米。进深5.5米，基高1.4米，柱高2.7米。东西二层看楼硬山顶各三楹，灰脊板瓦盖顶，黄色琉璃瓦剪边。下层方形石柱，鼓凳础，柱头装雕花护朽，上层圆木柱，素平础，柱间装铁制护栏，柱上施大小额枋，小额枋两侧下方置雀替，雕作牡丹花卉。柱头科斗口跳，耍头作三幅云，平身科施以木质垫板。进深四椽，五架梁通搭前后。通面阔8.1米，进深2.8米，上层柱高2.7米，下层高2.12米。外院剧场院东西阔16.7米，南北深18.5米。

高平市野川镇北杨村三清庵戏台

据乾隆四十三年（1778）《合社公议碑记》载："凡我村古迹，社规每逢敬神唱戏，按地亩出钱"[1]，三清庵早在乾隆年间就已演戏敬神，只是限于经济因素，迟迟未能建起专门的演剧场所，直至嘉庆四年，有邑人众善士十余人，"恒叹舞楼不立，而后先不照，观瞻不壮也……舞楼之设，上下数百年间，并未体先人之遗意而出者"，故捐金助力，起建舞楼，以"完先人所未竟之功，兴先人所欲兴之业"[2]。东西看楼则直到民国二十四年才开始创建，三清庵剧场形制才得以完善。民国二十四年（1935）《补修彩画各庙暨创修看楼改修学校碑记》载录了相关事宜[3]。

高平市芦家庄观音庙剧场

芦家庄位于高平市西北20公里处，隶属野川镇，现有居民30余户，100余人，主要姓氏为芦姓。过去村里庙会为四月初八，观音庙位于村中，坐南面北，一进院分上下两重。现存正殿、舞楼、耳楼、看楼等数十间建筑。

正殿悬山顶五檩，脊施黄绿琉璃，板瓦覆布。方形小抹角石柱，

---

[1] 乾隆四十三年《合社公议碑记》，碑存高平市野川镇北杨村三清庵内，笏头，碑高115厘米，宽56厘米，侧宽28厘米。

[2] 嘉庆四年《三清庵创修舞楼碑记》，碑存高平市野川镇北杨村三清庵内，笏头方趺，碑高203厘米，宽64厘米，侧宽28厘米。

[3] 民国二十四年《补修彩画各庙暨创修看楼改修学校碑记》，碑存高平市野川镇北杨村三清庵内，笏头方趺，碑高170厘米，宽44厘米，侧宽16厘米。

现外包水泥柱，柱上施大小额枋，小额枋下两侧置雀替，雕作鲜花卷草。柱头科斗口跳，耍头麻叶云。平身科置雕花垫板。明间题有楹联曰："出南海金童引路，驾祥云玉女随身。"

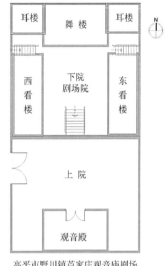

高平市野川镇芦家庄观音庙剧场
绘图：王潞伟

舞楼坐北面南，悬山顶三楹，一面观，灰脊板瓦盖顶。一层做马房，二层方形小抹角石柱，方墩础。柱上施大小额枋，不施斗拱。进深四椽，五架梁通搭前后。舞楼两侧山墙后侧各辟方形门洞，可入耳楼。舞楼通面阔三楹6.7米，其中明间2.7米，进深4.4米，下层山门通道高1.7米，柱高2.16米，础高0.3米。东西两侧耳楼硬山顶各两间，灰脊板瓦盖顶，面阔5.45米，进深3.45米。

东西看楼硬山顶各五楹，灰脊板瓦盖顶。下层为石砌基座，上层圆木柱，素平础。柱上施大小额枋，不施斗拱。进深四椽带前廊，北侧山墙外设有石砌阶梯，可登上看楼。看楼通面阔11.5米，进深2.5米，基高1.9米，柱高2.85米。下院（剧场院）东西阔14米，南北进深10.5米。

观音庙创自何年不可考，其剧场至迟在乾隆四十六年已兴建。庙内现存乾隆四十六年（1781）《重修观音堂记》载维首卢照荣等，合议按地起租经营修理"观音正殿以及东西两庑山口墙垣，更有前面舞楼"[1]。之后，咸丰十年（1860）又一次对正殿、舞楼等建筑进行了修缮，咸丰十年（1860）《无题碑》载："择吉日□□年二月□□二将观音正殿并两庑山门前舞楼……重□□彩画，庶觉突然维新，其景色□□□较前更□□观哉"[2]。

高平市郝家庄村观音庙剧场

高平市寺庄镇郝家庄村观音庙剧场
绘图：王潞伟

郝家庄村位于高平市西北20公里处，隶属寺庄镇，原有居民300余人，现不足100人，多进城务工。观音庙位于村落中，坐南面北，一进院分上下两重。现存正殿、舞楼、山门、耳楼、看楼、厢房等数十间建筑，东配殿、厢房、看楼已全部坍塌。

正殿坐南面北，悬山顶三楹，灰脊板瓦盖顶。方形石柱，方凳础，柱上施大小额枋，柱头科斗口跳。进深四椽，带前廊。东西侧殿硬山顶三楹，二层楼式建筑。东西配殿硬山顶各三楹，灰脊板瓦盖顶。

---

[1] 乾隆四十六年《重修观音堂记》，碑存高平市野川镇芦家庄村观音庙戏台正殿廊下，笏首方趺，碑高182厘米，宽60厘米，侧宽20厘米。

[2] 咸丰十年《无题碑》，碑存高平市野川镇芦家庄村观音庙戏台正殿廊下，笏首方趺，碑高182厘米，宽60厘米，侧宽20厘米。

高平市寺庄镇郝家庄村观音庙戏台

舞楼悬山顶三楹，灰脊板瓦盖顶。台上方形石柱，方凳础，柱础间施以石质护栏，高约30厘米。柱上置大小额枋，小额枋下施雀替，镂空雕作飞龙、卷草。柱头科、平身科斗拱各一攒，皆为斗口跳。进深四椽，五架梁通搭前后，上置双童柱，童柱上置平梁，平梁上再施童柱、叉手，共同撑起屋脊。戏台两侧山墙后侧各辟方形门洞一孔，可入两侧耳楼。现仅存西侧耳楼，硬山顶两间。下层为庙门。

原有东西两侧看楼，现仅存西看楼三楹，硬山顶，屋顶灰脊板瓦覆布。二层圆木柱，柱上置大小额枋，梁头伸出置于柱头。平身科置扇形垫板。看楼通面阔8.9米，进深4.8米。

观音庙创修于何时，现不可稽考，庙存乾隆四十年《无题碑》

载："观音殿之修由来旧矣，其始终颠末不及备详"，乾隆三十八年"创修西房三间，西厰棚三间"[1]。舞楼兴建于何时亦不甚详，中华民国二年《无题碑》载："今创修看楼三间，重修戏楼五间。于民国元年三月十六日开工，至二年四月间告竣"[2]，可见舞楼至迟在民国二年已经存在，为完善观音庙剧场形制，于民国元年兴建了剧场东西看楼，完全符合现存形制布局。

高平市东崛山村三大士庙剧场

高平市马村镇东崛山村三大士庙
与汤王庙剧场平面示意图
绘图：王潞伟

东崛山村位于高平市西南20余公里处，隶属马村镇。现有居民400余户，1300余人。村子保留着规模不小的清代官宦院落，坐落着清代商人修建的大大小小的民宅，还有当时官商共同出资修建的距今300多年的石拱桥，现已列入中国传统古村落名录。三大士庙位于村西，与汤王庙一南一北呈对峙形势，实为"二庙合一"，独特之处在于庙内现存两座舞楼，一属三大士庙，一属汤王庙。

[1] 乾隆四十年《无题碑》，碑存高平市寺庄镇郝家庄村观音庙正殿廊下，笏首方趺，碑高145厘米，宽48厘米，侧宽21厘米。

[2] 民国二年《无题碑》，碑存高平市寺庄镇郝家庄村观音庙正殿廊下，笏首方趺，碑高192厘米，宽50厘米，侧宽20厘米。

三大士即指文殊、普贤、观世音三位菩萨，"大士"指"伟大的人"。宋徽宗宣和元年下诏书，将佛曰"金仙"，菩萨曰"大士"，僧人曰"德士"。此后民间通常将侍奉三位菩萨的殿宇称为三大士殿，或三大士庙。

　　三大士殿悬山顶三楹，坐南面北。屋顶灰脊板瓦覆布，鸱吻、宝珠、垂兽俱已不存。方形小抹角石柱，柱础被盗。柱上置大小额枋，小额枋下两侧施雀替，且镂空雕作牡丹花卉，明间已不存，西次间仅存小额枋。柱头斗拱，三踩单翘，耍头三幅云。平身科亦三踩单翘，出斜拱，雕作龙首，耍头三幅云。进深六椽，带前廊。侧殿悬山顶各两楹。东西配殿硬山顶各三楹，灰脊板瓦盖顶。

　　三大士庙舞楼坐北面南，屋顶已坍塌，仅剩两侧山墙及前后石

高平市马村镇东崛山村三大士庙戏台

柱。两侧耳房各硬山顶两楹，其中一间辟为山门。舞楼通面阔6.9米，其中明间3.4米。进深4.49米，基高1.63米，柱高3.26米。

三大士庙对面为汤王庙，汤王庙舞楼为"鸳鸯楼"[1]，农历六月二十四祭祀汤王时，舞楼上演戏，朝向汤王殿。农历二月十九祭祀三大士时，朝向三大士殿演戏。据东崛山一位武姓村民讲述，汤王庙和三大士庙祭祀时一般演剧均在汤王庙"鸳鸯楼"上演出，原三大士庙舞楼则变成了"看亭"。

汤王殿灰脊板瓦盖顶，鸱吻、宝阁、垂兽俱已不存。檐柱均为方形小抹角沙石柱，方墩础。柱上施由额、平板枋，由额下两侧置雀替，雕作龙首。柱头科斗口跳，无平身科。进深六椽，带前廊。东西侧殿硬山顶各两楹，灰脊板瓦盖顶。东西配殿硬山顶各三楹，屋顶灰脊板瓦覆布。前檐平柱为圆木柱，鼓镜础。

舞楼悬山顶三楹，屋顶灰脊板瓦覆布，鸱吻、宝珠、垂兽俱不存。下层方形石柱，方凳础。台上前檐平柱为方形小抹角沙石柱。柱上施阑额，平板枋，不施斗拱。进深四椽，五架梁通搭前后。五架梁上置双童柱，撑起平梁，平梁上再置童柱、叉手，共同撑起屋脊。两侧山墙各辟方形门洞一孔，可入东西耳楼。东西耳楼做戏房，硬山顶各三楹，灰脊板瓦，青砖砌就。舞楼通面阔7.84米，其中明间3.89米。

---

[1] 《中国戏曲志·山西卷》首次将山西省繁峙县东庄村三圣寺前后开口戏台公布，冯俊杰的《山西神庙剧场考》称其为"鸳鸯楼"，第510页；车文明的《中国古戏台调查研究》亦称此种形制戏台为"鸳鸯台"，第173页。

进深5.55米，下层高2.34米，上层柱高2.79米。山门位于鸳鸯舞楼东侧耳楼下，门额题曰"圣敬日跻"。

上述两座舞楼不知创自何年，据庙存道光二十九年（1849）《东崛山村重修汤王庙碑记》载：

> 重修北庙汤帝庙，坐北向南，正殿三间，两配殿东三间，西二间，东西廊房六间，舞楼上下六间，东南大门并耳楼上下四间，西南耳楼上下四间。南庙三大士，坐南向北，正殿三间，东配殿二间，西配殿二间，东西廊房六间，过庭前面大王神像后面韦陀神像正殿三间，西角房三间，东角地基三间，新打坑厕一个，东廊房创修三间，西廊房改修三间，舞楼三间，东耳楼上下四间，西北大门二间，后边创修房屋二间，马棚七间并石槽在内一所。[1]

可见，至迟在道光年间，东崛山"南庙"（三大士庙）与"北庙"（汤王庙）对峙格局已经形成，与此同时，舞楼也早已兴建。此时，汤王庙舞楼应该还未曾改作"鸳鸯舞楼"，因为此次修缮三大士庙舞楼也在修缮工程范围内，且相关的"戏房"耳楼、"马棚"等用于戏班临时居住的后勤设施也都做了相应的兴建与修补，汤王庙舞楼改作"鸳鸯舞楼"以及三大士庙舞楼改作"看亭"当是此次维修之后

---

[1] 道光二十九年《东崛山村重修汤王庙碑记》，碑存高平市马村镇东崛山村汤王庙正殿廊下，笏首方趺，碑高167厘米，宽53厘米，侧宽21厘米。

的事情。碑中亦有"迎神献戏""酬客"等相关记载，为了解东崛山及两庙祭祀献戏风俗的历史面貌提供了重要依据。

高平市东掌村紫霞宫（观音庙）剧场

东掌村位于高平市西北25公里处，原村位于山坳之中，因吃水困难，现已外迁至平缓之处[1]，隶属原村乡。现有居民38户，192人，主要姓氏为秦姓。经济来源主要靠务农及外出务工。紫霞宫位于村南，俗称观音庙，坐南面北，东侧紧邻南阁，现存正殿、侧殿、东西厢房、耳楼、山门舞楼若干间建筑。庙会为农历七月初五。

高平市原村乡东掌村观音庙剧场
平面示意图
绘图：王潞伟

正殿悬山顶三楹，屋顶灰脊板瓦覆布，鸱吻、垂兽俱存。前檐平柱为方形石柱，方墩础。柱上施大小额枋，小额枋下两侧置雀替，雕作花卉。柱头科斗口跳，无平身科。进深四椽，带前廊。脊枋题曰："时皇清康熙四十六年岁次丁亥十一月十三日辛酉崇（重）修观音堂三间吉时上梁，弟子秦门张氏，男

---

[1] 据东掌村一位秦姓村民讲述，东掌村于1998年开始向山下迁移，至1999年全村38户已全部迁移至新村。原村中紫霞宫（观音庙）仍是村中民众祭拜之地，逢年过节仍有村民前去祭拜观音。但自1998年紫霞宫的敬神献戏活动终止后，至今未有戏曲演出。采访地点：原村乡东掌新村；采访时间：2013年8月6日。

瑞、环，毕氏孙良万，曾孙长柱，梓匠王珏，泥水匠刘彪，石匠张驭全立，永远为记耳。"据此推断，紫霞宫至迟在康熙年间已兴建。两侧殿硬山顶各一楹，灰脊板瓦盖顶。东西厢房悬山顶各三楹，灰脊板瓦盖顶，进深四椽。

山门舞楼悬山顶三楹，坐北面南。屋顶灰脊板瓦覆布，下层中间石砌门洞，台上方形小抹角沙石柱，方墩础，柱础间装石质护栏，高约20厘米。柱上置大小额枋，小额枋下两侧置雀替，镂空雕作花卉。柱头科斗口跳，耍头作麻叶云头。进深四椽，五架梁通搭前后，五架梁上置双童柱，支撑平梁，平梁上再施童柱、叉手，共同撑起屋脊。台上立2006年修缮碑，载录重修观音庙及舞楼等相关事宜。山门朝北，单坡悬山顶，抱厦，木质门额镌刻题曰"紫霞宫"。脊枋题曰："……重修戏楼七间四月十五日……"舞楼通面阔7.2米，其中明间3.3米，前台进深3.3米，后台1.85米，柱高2.6米，·下层门洞高1.93米。两侧山墙前台开口1.1米，后台各辟拱券门洞一孔，可入东西耳楼。东西耳楼硬山顶各两楹，灰脊板瓦盖顶。面阔3.25米，进深3.15米。东耳楼下层石砌门洞，距南阁下层门洞十余米，为原进村必经之路。

舞楼之上遗存光绪至民国年间演剧题记数条，可辨认者如下：

1.高邑牛家川双盛老班光绪九年三月二十三日在此一乐也，《卧云寺》《五凤楼》《金□案》《困山塔》《先□报》《红石关》《平五侯》《落花□》《转云山》《和北番》。

2.高邑□□□光绪十五年六月廿日在此，《五凤楼》……

高平市原村乡东掌村紫霞宫（观音庙）戏台

3.高邑中华民国□□年六月初□□上董峰万盛班在此贵村一乐也，《投亲园》《江中宝》《黑□江》《访松江》《操当店》《表□锦》《满春园》《鸡公山》《坐寒窑》《侮□镇》《紫银□》《吵磨房》《樵圭女》《邦大□》。

忻州篇

宁武县二马营村广庆寺明代戏台

宁武县,又称凤凰城。北邻朔州,西北与神池接壤,西南与五寨、岢岚相望,南与静乐相接。汉代置娄烦县,北魏置太平郡,后置广宁郡、神武郡,宋置宁化县,明洪武设宁武关,属温带大陆性气候,属高山严寒区和寒冷干燥区。宁武地处山区,县不算大,但不少村子都曾有庙,许多庙都举办传统的庙会。二马营村西距宁武县城35公里,2018年这个村落被列入第五批中国传统村落名录。据当地人介绍,营是军队驻扎的地方,二马营,以及头马营、三马营、蘑菇营等附近与"营"有关的地名,大多都是因宁化古城的军事防守演变而

忻州市宁武县二马营村广庆寺戏台

174

来，广庆寺位于村子正中，单进院，现有山门、钟楼、戏台、厢房、侧殿、正殿等建筑。庙内现存明清碑刻2通。

戏台单檐歇山顶三间，移柱造，灰脊筒瓦布顶。原本坐南朝北，面对正殿，1981年应学校要求而掉转方向，正面砌封，改后墙为台口，寺外广场兼作观众席，又在翼角之下加砌八字墙。台口通阔9.3米，其中明间宽5米，进深五檩四椽6米，台高2.4米。

台上两排圆木柱，平柱高4.9米。斗拱三踩单下昂，耍头蚂蚱头。补间铺作明间三攒，次间一攒，拱面不抹斜，额枋、阑额没有任何雕饰。屋内抹角梁比较粗大，上承大角梁、仔角梁、踩步金梁。五架梁通搭内外，上设驼峰，支撑平梁，平梁上置童柱、角背、叉手，支撑屋脊。结构和普通歇山顶建筑大抵相同。脊枋题"大明成化十四年（1478）重修"和"大清道光四年（1824）重建"字样，载录了戏台修缮的重要信息。

舞楼西侧有一座耳房，悬山顶三间，为戏房。这里既是演戏时的化妆间，也是艺人空闲时的休息之所，当是剧场的一处配套建筑。

广庆寺的庙会时间是每年的四月初八，称"浴佛日"，也称"佛诞日"。庙会时一般唱戏三天。

代县鹿蹄涧村杨忠武祠戏台

提起宋朝的杨家将，人们都能绘声绘色地讲出他们精忠报国、奋勇杀敌的故事，而杨家将的宗庙就在代县的鹿蹄涧村。代县位于山西省东北部，东临繁峙，西接原平，南界五台，北毗山阴，滹沱河横贯全境。代县是国家历史文化名城，被文化部命名为"中国民间绘画画乡"和"中国民间文化艺术之乡"。鹿蹄涧村，原名联庄，位于代县城东18公里，杨忠武祠就在本村，人口1000余人，十之七八都是杨家后裔，自杨业始，已延绵五十余代，当地仍保持武术传统。

杨忠武祠又名杨将军庙，实为杨家祠堂，位于村东。祠堂的本质是家族的祖庙，始建于元天历二年（1329），明嘉靖二十九年（1550）重建，清雍正年间（1723—1735）和嘉庆年间（1796—1820）都有重修。祠内现存明代塑像14尊，元明清碑刻6通及元泰定元年（1324）鹿蹄石1块。1996年被公布为省级文物保护单位。

祠堂坐北向南，以过厅为界分作内外两院。内院有正殿、东西配殿；外院东西建廊房。正殿硬山顶三间，明间檐下高悬"杨忠武祠"之匾，乃当代杨成武将军所题。殿内供奉杨家人物共24世，截至明代。平柱楹联曰："丰功伟烈著边疆，勇冠三军称无敌；浩气英风留古塞，声威万代佩专城。"东西配殿亦硬山顶各三间，殿内供奉杨门女将，每殿7位，姓名多与民间说部吻合。

戏台位于庙外，名曰"颂德楼"，为硬山卷棚顶三间，前后五架椽，移柱造，三面观台口。屋顶灰脊筒瓦，前有翘角，其上立有角神。戏台隔着一条街与山门相对，街道东西两端各立一座木牌坊，牌坊上分别有"四知""明道"之题额。戏台前口设木制护栏，高0.44米；石制望柱，高0.6米。台基宽10.3米，深8.25米，高1.47米。台上青砖铺地，圆木柱，覆盆础。柱高2.94米，础高0.12米。戏台通阔8.5米，其中明间宽4米；通进深7米，其中前台深4米。台顶施天花，台上隔扇及上下场门，都有绘画，其中还有戏曲故事《杨八姐盗宝》等。平柱楹联曰："云容水态入月堪赏，嬉笑怒骂俱是文章。"

鹿蹄涧村年年农历三月初九都举行村祭，年年村祭必定唱戏，唱戏必唱杨家将戏。但唱戏绝不演唱《金沙滩》一段，据说，曾因在演唱过程中，风云大变，几次皆如此，后代认为是祖先不愿提起此事，便立下族规，唱戏绝不唱金沙滩一段。杨忠武祠中还保存着杨家最完整的家谱，现在已经到了第四十五代。许多省内外、海内外的杨家后裔纷纷来这里寻根祭祖，杨忠武祠作为省级重点文物保护单位，以其悠久的历史、深厚的文化底蕴赢得了专家学者的广泛关注，吸引了大批中外游客。

大同篇

大同市云冈石窟戏台

云冈石窟2001年被列为世界文化遗产，位于大同市西部16公里的武周山南崖，依山开凿，东西绵延约1公里，现存大小石窟53座，大小造像51000多尊。主洞均完成于北魏迁都以前，其中时代最早的是"昙曜五窟"。石窟内有大量的石刻建筑、石刻造像，是研究佛教文化、建筑文化、乐舞文化、器乐文化等方面的重要实证参考。石窟内大量的石刻建筑样式，如亭台楼阁塔等，其屋顶、檐椽、台基、柱、枋、人字拱、一斗三升等时代性很强的构件，为北朝建筑艺术的研究提供了直接的参照。石窟内佛祖、菩萨、罗汉、护法诸天、歌舞伎的造像，为研究佛教文化提供了直观依据，乐器亦是琳琅满目，如弹奏箜篌、琵琶、吹奏排箫和觱篥的乐伎等，反映出当时佛教音乐的完善程度。

云冈石窟现存木构建筑主要有中央窟檐、过厅、山门、钟鼓楼、戏台等。中央窟檐的前面是一过厅，过厅前面就是山门。山门为硬山顶三间，绿琉璃脊、筒瓦布顶。山门两侧是钟鼓楼，皆单檐歇山顶。山门外路南是戏台。

戏台正对山门，坐南面北，为前后组合式，伸出式台口。据碑刻载录，它与中央三座窟同建于顺治八年，近年经过落架大修，焕然一新。前台歇山卷棚顶三间，四架椽，举折很低。后台则是普通硬山顶五间，四架椽，前后加翘角。侧面看去，整座戏台的造型很美。屋顶灰脊筒瓦、鸱吻、垂戗脊兽、仔角梁套兽等，都是新换的。台上圆木柱，覆莲础，平板枋和大额枋与柱头相交，伸出柱外，断面垂直截去，不假雕饰。檐下无斗拱，大额枋下施雕花雀替。前台通阔8.65米，明间宽3.6米，深5.95米，台高1.05米。前后台通进深9.45米，后台深3.5米。

后台东西山墙各开一窗，后山墙上辟有二窗。前后台之间以隔扇分区，两侧为上下场门，明间正中红笔大书一个"福"字。此台于康熙、乾隆、道光及民国间多次重修，然其基本风格未变。

云冈石窟的庙会时间，同样是每年的四月初八"浴佛日"。届时大同及其郊区民众，要举行许多庆祝活动。清代，能够被请到石窟寺戏台上演出的都是远近闻名的戏班，声名响亮的艺人。

大同市佛字湾观音堂戏台

观音堂位于城西8公里的佛字湾，从大同市区去云冈石窟寺的半路之上，北崖火成岩上，刻有2米见方的巨大"佛"字，故而此地名佛字湾。观音堂创建于辽重熙年间，相传因有怪物作祟，观音来此降妖伏怪，当地黎民感恩，遂建庙祭祀。观音堂为二进院，坐北向南，现存正殿、献殿、三真殿、钟鼓亭、禅房、山门、戏台、琉璃照壁等，庙存碑刻10余通。

内院正北是献殿、正殿，院南左右是钟鼓亭。献殿悬山顶三间，三架椽，后一架与正殿衔接，台基略高出地面。屋顶琉璃脊筒瓦、琉璃鸱吻、脊兽尚存。

戏台建在外院8米高的方台上，悬山卷棚顶三间，四架椽，三面观式台口，灰脊筒瓦。檐柱比较粗大，博风板也较宽厚，形制古雅。方台低于内院地平面，东西南三面砌有花墙，从而封闭为独立的小型剧场。台上圆木柱三排，素平础，柱头不施斗拱。通面阔为9米，明间3.25米，通进深为7.15米，前台深5.2米，后台深2米，平均柱高为2.6米。东西山墙的前面辟有一道圆窗，以使文武场乐池内也有光照。方台底下辟有东西向的高达5.9米的券形门洞，可容装满货物的车辆通行，为过路式戏台的另一种形制。

大同市佛字湾清顺治八年（1651）戏台

临汾篇

尧都区魏村镇牛王庙元代戏台

每年农历四月初十，尧都区魏村镇牛王庙热闹非凡，汾河两岸十里八乡的村民都前来祭祀三王。牛王庙主祀之神为牛、马、药王，故也称三王庙，1965年列为山西省重点文物保护单位，1996年列为全国重点文物保护单位。庙址位于魏村镇西侧高冈山，牛王庙现存建筑自北向南中轴线上有正殿、献殿、戏台，两侧有侧殿、连廊，庙门位于东南角处。牛王庙元代戏台始建于至元二十年（1283），至治元年（1321）曾经大修。

庙中碑刻称元代戏台为乐厅，戏台坐南面北，单檐歇山顶，三面

临汾魏村镇牛王庙戏台

观。台上四角立柱，深广各仅一间，平面接近正方形。台后及其东西两侧拐角处砌有短墙，相当于台深的三分之一，墙厚80厘米，形成三面观的台口。舞台面宽7.45米，进深7.42米，台基高1.4米，两侧台口宽约5米。东西两侧墙的前面各加辅柱一根。后角柱为圆木柱，前角柱为砂石小八角柱，柱收分、侧角明显。四角柱上皆置大斗，承绰木枋，斗上四向各施大额枋一道，在转角处平行搭交，形成一个巨大的井架，负荷整个大屋顶的重力，并使开间增大。大额枋上每面设置斗拱四朵，承托屋檐，为计心造重拱双昂五铺作，耍头蚂蚱头。斗拱用材宏大，立面高度达90厘米，超过柱高的四分之一，出檐深远，台基很少受到雨水的侵蚀，颇具时代特色。戏台梁架为藻井结构，由方井、八角井、斗八三个结构层组成。所谓斗八，专指宋元建筑中屋顶最上一层结构层，由方形和内八角形构成的图案。屋内转角处用抹角梁、大角梁，大角梁上设井口枋，抹角梁与普拍枋斜交，形成井架。井架上每面施斗拱五朵，于正中一朵两侧斜拱上再施随瓣枋抹角，形成藻井的第一层菱形方井。每枋中间施吊柱一根，四根吊柱之上用抹梁连接，形成第二层外方形内八角形的井架，每边施斗拱一朵，而不用阳马，撑起最上一层小八角井。小八角井中横施短梁一道，短梁中间再以雷公柱固定。乐厅台前石柱上均有精致的牡丹、化生童子浮雕和纪年镌刻。东角柱抹楞处题曰："维大元国至治元年岁次辛酉孟秋月九日竖，石匠赵君王"，上边楞刻："交底都维那郭仲臣、次男郭敬夫"。西角柱于抹楞处曰："蒙大元国至元二十年岁次癸未季春竖，石泉南施石人杜秀"，正面上顶部则曰："交底都维那郭仲臣"。据《元史·世祖纪十三》载至元二十八年（1291）"八月乙丑朔，平阳地震，坏民庐舍万有八百二十六区，压死者百五十人"。《成宗纪四》又载大德七年（1303）"辛卯，夜地震，平阳、太原尤甚，村堡移徙，地裂成渠，人民压死不可胜计"。据东西两角柱题记可知，地震造成戏台一定程度的损毁，才予以换柱重修。戏台东西短墙前的辅柱顶端，原有铁环，是专门用来悬挂幕布的地方，借以区分前后台。元代山西戏剧演出，戏台前檐下要悬挂帐额，上面题写着戏班班主的艺名，致其到此作场之意，就像洪洞县明应王殿元代壁画上的"尧都见爱，大行散乐忠都秀在此作场"一样。

农历四月初九至十二日为牛王庙庙会，牛王庙的祭祀活动主要由民间自治组织"社"来承办，元时有22社，包括周边27个村落，到清末仅剩6社。庙会之时，要举行一系列迎神、献牲、送神以及演戏活动。时至今日，这座典雅的元代戏台依旧承担着弘扬民族精神、传播传统文化和戏曲艺术的光荣使命。

尧都区东羊村东岳庙元代戏台

东羊村是个具有千年历史的古村庄，除了国保单位后土庙外，依然保留着一些明清古建筑，为我们留下寻觅乡愁的一些痕迹。戏台位于东羊村东岳庙内。20世纪70年代，东岳殿因为岌岌可危被拆除，庙内大殿只剩下后土圣母殿了，于是庙的名字也被改为后土庙。主祀之

临汾市尧都区东羊村东岳庙戏台

神为东岳天齐大帝，配飨神有后土圣母、女娲等。1986年该庙重修，2006年确立为全国重点文物保护单位。该庙现存建筑自南向北中轴线上有山门、戏台、二道山门、正殿遗址、后殿，两侧有配殿、钟鼓楼等。戏台坐南面北，创建于元至正五年（1345），单檐十字歇山顶，一面观。屹立于一个宽和深都是13米的正方形台基之上，三面砌墙。面阔8米，进深8米，台基高1.6米，柱高4.2米。台上四角竖立粗大的小八角沙石柱，覆莲础，收刹及侧角都很明显，柱面浮雕化生童子和宝相花等，是典型的金元风格。东角柱上刻有铭文"至正五年"等字，是其创建于1345年的铁证。舞楼石柱柱头各置一斗，四道由额于斗上十字相交，由额之上为大额枋，与由额一齐伸出柱外，断面垂直截去，不假任何雕饰，形成一个巨大的井字框架。大额枋上转角斗拱五缝，另有补间铺作五朵，皆重拱计心造三下昂六铺作，琴面昂身，耍头为凹脸蚂蚱头。台内转角处皆施抹角梁、大角梁，角梁之上则是用料粗大的方井。方井底部也有补间铺作的后尾支撑，井口枋延长至大额。井上每面又置斗拱三朵，正中一朵三缝，向两侧伸出45度斜拱，每角再向上施斜梁一道，共同撑起屋顶的两层小八角井，不用吊柱。八角井向上施阳马八道，插入雷公柱中，形成最上一层圆井，从而完成了斗八藻井的构造。台内后壁绘有一只巨大的神兽，龙头、麒麟身、牛蹄、马尾，相传可以吞食一切，包括太阳；又画一长相敦实、黑发、黑须、黑袍勇士，手持匕首正在降服它。

历史上的东羊东岳庙香火很旺，庙宇内整日烟雾缭绕。正殿里供奉的是3米多高的东岳大帝塑像，东厢房是十八层地狱塑像，西厢房是十八罗汉及一些不知名的神塑。每年三月十二是后土娘娘的生日，周边村庄的人们前来赶庙会，人山人海。每逢庙会必唱大戏，一来祈求风调雨顺、五谷丰登，二来祈求驱邪避祸、家人平安，唱戏本身就是酬谢神灵的一种仪式。

尧都区王曲村东岳庙元代戏台

王曲村因东岳庙元代戏台而闻名，与魏村牛王庙元代戏台、东羊后土庙元代戏台共同构成戏曲舞台群，成为研究元代戏曲舞台的活化石。东岳庙位于王曲村中间偏东，现仅存正殿、舞楼、钟鼓楼及东西便门。庙前现为人民剧场，2021年农历三月二十八庙会前建成启用，人民剧场能容纳千余人观剧。

王曲村东岳庙现存戏台，是单檐歇山顶、悬山卷棚顶及两侧半坡顶三种顶制的复合形制，较为完整地保留了元代剧场至明清以来的演进过程，其中歇山顶后台是元代戏台，卷棚顶是清代所建的前台。20世纪90年代在修缮时，文物部门计划将前面的清代卷棚顶戏台全部拆除，仅留元代戏台，黄竹三教授得知这一消息后，再三劝导最好保留清代卷棚顶前台，以显示神庙剧场的历史演进遗构实证。因此，王曲村东岳庙戏台的完整保留和修缮，与黄竹三教授的科学建议是分不开的。王曲村戏台后台的现存结构，皆为元初形制，瓦顶部分明嘉靖年间补修过。这座台子的创建时间，可能比魏村和东羊村的戏台还要

临汾市尧都区王曲村东岳庙戏台

早。庙内现存嘉靖四十五年（1566）《重修岱庙建立碑记》，说该庙"多年疏漏体坏，风雨所侵"，因而重修，即其明代曾经补修的佐证。除去瓦顶、墙体部分，戏台的其余构件多为元初之物。

单檐歇山顶的元代戏台，面阔、进深俱为7.25米，建筑平面为正方形。四根粗大的圆木柱，支撑着大屋顶，柱下素平础，柱高3.62米，收刹明显。柱头栌斗承接绰木枋，绰木枋上置大额，大额于柱头相交并伸出柱外，断面垂直截去，无任何雕饰。大额枋上每面施斗拱五朵，为重拱计心造五铺作，单杪单下昂，耍头蚂蚱头。舞台后墙立有两根圆木辅柱，东西山墙于后拐角的三分之一处各立一柱，可见原来也是三面观戏的戏台。戏台的藻井，方井架于算桯方上，每面施斗拱三朵，八角井也是在方井斗拱上施随瓣枋抹角构成，随瓣枋上，每角向上、向内斜施阳马一条，于交会处施以雷公柱。清代后接的卷棚顶前台，前后四檩三架椽，台基高1米，四架梁平置于额枋上，后端用铁条固定于元代戏台的大额之下。

翼城县武池村乔泽庙元代戏台

翼城，是"尧封唐侯"之地，是晋国发祥的源头，"桐叶封弟"肇启了晋国长达六百余年的皇皇伟业。翼城不仅拥有中国现存元代戏台中规模最大的乔泽庙戏台，还有大大小小的明清60余座古戏台，可见戏曲之繁荣，文化之厚重。

武池村乔泽庙位于山西省临汾市翼城县南梁镇，主祀之神为栾水之神，庙宇创建于何时不可稽考。2006年确立为全国重点文物保护单位。庙宇仅存元代戏台，戏台创建于元泰定元年（1324），历代皆有修缮。戏台坐南面北，单檐歇山顶，三面观。台基平面近方形，高1.8米，宽13米，侧宽13米，面积接近90平方米，在现存的元代戏台中，规模和台口最大。台上四根角柱为粗大的圆木柱，素覆盆础。两山墙三分之一处各竖圆木辅柱一根，后檐额枋中亦立二辅柱，砌于墙内。柱侧角、卷刹明显。总共四梁八柱，四角微挑，举折较高，三面敞朗，基本做法和临汾魏村牛王庙戏台颇为相似。柱上置绰木枋，绰木枋上四向铺设大额枋，形成井字形框架。大额枋每面施斗拱六朵，每朵均为重拱计心造五铺作双下昂，昂身琴面，昂嘴微翘，耍头蚂蚱

翼城县武池村乔泽庙戏台

头。转角斗拱皆五缝，出斜昂、由昂，由昂上施有木制的宝瓶支承着翼角。屋内四面补间铺作之上，各施一道抹角梁，抹角梁上再施八角井。八角井四周共施五铺作斗拱八朵，其耍头和大角梁后尾各挑一根垂柱，十二根垂柱用阑额、普拍枋相连，形成第二层八角井。八角井上又设一层斗拱，计十六朵，每边在中间一朵斗拱之上各施阳马一道，斜着向上收缩，支撑于脊槫之下，中心悬以雷公柱。翼城县文物管理部门1985年翻修时，在其西北角转角斗拱华拱的下皮，发现了一条墨书题记："泰定元年十二月十七日，武池村创建舞楼一座。都维那头：邢口、邢德；都维那头：李温、侄男李思亮。"这一重要发现，使我们从此掌握了这座舞楼确切的创建时间。

翼城县曹公村四圣宫元代戏台

翼城县西闫镇曹公村是中国传统古村落、中国历史文化名村。四圣宫位于村北公路之旁，2006年被国务院公布为全国重点文物保护单位。主祀尧舜禹汤四位圣人，因而得名。现存单进院，有正殿、侧殿、东西配殿、看楼、戏台、山门等建筑，其中戏台为元代遗构。四圣宫东墙外，还有一座清代关帝庙，规模、布局与四圣宫相仿，也有戏台。

四圣宫正殿悬山顶五间，明代建筑，黄绿琉璃脊，筒瓦，大吻、垂兽皆在。正殿两旁的侧殿是清代建筑，悬山顶各三间，五檩四椽，带前廊。正殿前原有献殿三间，已被今人拆除，唯余柱础。其东西两侧为配殿，配殿之南尚存东西两座看楼，清代建筑，悬山顶二层，灰

翼城县曹公村四圣宫元代戏台

脊板瓦，通阔各六间，进深五檩四椽。

元代戏台单檐歇山顶，黄绿琉璃屋脊，筒瓦，大吻、脊刹、垂
戗、脊兽等俱存。舞台基高1.6米，台口宽7.65米，深7.45米，平面接
近正方形。两侧的八字墙及墙外两座悬山顶三间小屋，都是后来建造
的，接痕明显。台上四梁八柱，其中后墙二柱、东西山墙各一柱，俱
为辅柱，知其原来也是三面观式台口。两侧凸出山墙的台面，占通进
深的1/2，而不是1/3。四根粗大的角柱，素覆盆础，均高3.83米，支
撑着阑额、普拍枋。枋上每面斗拱六朵，用材较大，为重拱计心造五
铺作双下昂，瓜棱形栌斗，耍头蚂蚱头。四转角皆五缝，出斜昂和由
昂。由昂上的宝瓶业已丢失，后人代之以木块。舞楼飞檐起翘为折线

而非曲线，而且略高于乔泽庙戏台，虽然不如后者壮丽优雅，却更显雄峻和挺拔，同样能给人以美的享受。

值得注意的是，舞楼檐下的大额枋不是整根木料，而是两根原木之对接，与元代其他戏台有所不同。盖原物早已毁坏，此系明清维修时的替换之物。后人又在前檐额枋下加设一道小额枋，枋下装修花罩，用以加固和美化。罩上布满华丽的木雕，垂柱在两侧的，刻作象头；在中间的，刻作龙头，增强了观赏效果。垂花罩底部平置于八字墙上，也显得安稳和牢靠。

戏台藻井的结构，与乔泽庙同中有异。异在大额枋斗拱之上无方井而直接安装八角井。大额枋上补间铺作中间二朵之耍头后尾，插进八角井每角之下的垂柱中。每两根垂柱之上均用阑额、普拍枋相连，其上每角再施五铺作斗拱，斗拱之间用随瓣枋相连，斗拱之上各施阳马一道，斜着向内向上收缩，交会于雷公柱中。

戏台西墙辟有小门，后墙开一窗，两侧又各建平房三间，可做化妆间和休息之所。这都是元人未曾考虑的，自是后人的手笔。

四圣宫庙会是八月初一日。自元代以来，这里的祭祀演剧活动就很隆重。明嘉靖三十八年（1559）本邑举人侯九臣撰文，张铟书丹，杨纬篆额的《西阎曹公里重修尧舜禹汤之庙记》，是了解元明时期四圣宫迎神赛社、献戏祀神的重要资料。碑中提到该庙创建的时间和地点："此其起于至正，建于村北。分社人为三甲，尽享祀口。"既而谈到清明祷雨取水仪式的成规，要求后人遵照执行："清明取水，半途邀盘，先日送□□，次日迎神。音乐为之喧哗，神马为之纵横，旗彩为之飞扬。戴柳执扇、拖铁索者，各随所愿，而尽乃心。既而底（抵）庙，大赛三日，乐人动至百口，神筵□输以三甲。饮食乐钱，依派散而不违。赛罢将软桉输至何村，每岁献猪羊十二，此皆在后人世守之，而勿失焉尔。"[1]

"戴柳"谓头戴柳条圈，和"执扇"一起象征旱情严重。"拖铁索者"表示自己有罪，恳请神灵宽恕。"邀盘"是放香烛的木盘。"软桉"则是一种布制的凭证，由三甲负责人轮流持之。每年庙会结束时，值年之甲要将软桉交给下一年的值年之甲。迎神时，既有随风飞扬的旗帜，纵横奔跑的神马，还有喧哗的音乐。祭品是六头猪、六只羊。"乐人动至百口"，当然会有精彩的歌舞和戏剧演出。这曾经是曹公村最隆重、最热闹的节日。

翼城县樊店村关帝庙明代戏台

樊店村位于翼城县城西25公里处，今属南唐乡，村有居民2000余人，李氏为大姓。关帝庙位于村落中部，坐北向南，一进院，庙貌已不完整，仅存正殿、戏台、东西庙门。

---

[1] 碑身高184厘米，宽84厘米，侧宽21厘米，正书，螭首方趺，皆已分离，平躺于月台之上。据《山西通志·贡举谱五》载，张鈇是嘉靖二十二年（1543）癸卯科举人，任枣强县（今属河北）知县。侯九臣、杨纬都是嘉靖三十四年（1555）乙卯科举人，前者曾任泰安州（今山东泰安市）知州，后者曾任邻水县（今属四川）知县。

翼城县樊店村关帝庙戏台正面

    戏台前台歇山卷棚顶，后台普通硬山顶，翼角起翘较高，雅致中带些秀气。屋顶灰脊筒瓦，垂兽、戗兽多完好无损。台上圆木柱三排，须弥座式鼓磴础，四面雕花。柱间雀替之上依次为由额、由额垫板和额枋。柱头科单翘三踩，平身科明间三攒，次间各二攒。明间中间一攒出斜拱，耍头雕为龙头。明间的雕为双麒麟，次间的雕作双马，左右祥云缭绕。明间雀替雕刻戏曲故事。戏台两山中间各开一圆窗，墙体较厚，墙头装饰戏人砖雕。后台前檐与前台后檐对接，下设水槽。前台六架梁平置于前后檐下，出为挑尖梁头。梁上置驼峰，支撑金檩及四架梁。四架梁上置角背，撑起屋顶双檩。四角抹角梁插入额枋中，又于踩步金与金檩相交处，施一刻成仰覆莲双重图案的吊柱，柱下外侧与抹角梁的内侧贴合。戏台基高1米，面阔9.4米，其中明间宽4米；通进深8.8米，其中前台深4.3米，后台深5.1米。台内两中柱间，向后内斜1.25米处，竖立辅柱两根，装置隔扇。隔扇正中上方题有"神听和平"四字，两侧安装上下场门。台基立面各开一个音穴，穴口以雕花、镂空的青石筒加以固定。戏台檩枋题记曰："大明弘治十八年五月十三日创建，百福骈臻""大清道光十一年（1831）四月十二日重造，千祥云集"。可以推断，此台当为明弘治十八年创建，道光十一年"重造"。

关帝庙历经元、明、清三朝不断修缮重建，维系的是村民群体性精神图腾，是村中最重要的活动场所，村民集会、闹红火、唱戏、放电影，几乎都在这里，由此成为全村最火爆的场所，也是全村最显尊的地方。

翼城县西贺水村关帝庙明代戏台

西贺水村位于南梁镇西南8公里处，由西贺水与西彭庄两个自然村组成。此庙只存山门和戏台。翼城县西贺水村戏台明嘉靖二十四年（1545）创建，悬山顶。多数村民已不记得庙内主祀何神，只有少数村民说是关帝庙，但不能确定。戏台脊枋题记清晰可见："大明嘉靖二十四年创建舞楼三间，重建于大清宣统元年（1909）岁次己酉，九月朔二日晨（辰）时竖柱，十六日寅时上梁，永保合村吉祥如意。谨志。"据此，再看戏台的结构、营造手法及整体风格，可以断定现存建筑也是明建清修之物。

戏台为悬山顶，灰脊筒瓦覆布，脊上饰件全部脱落。面阔三间

11.3米，其中明间宽4.1米，次间也较宽大，达3.1米，基高1.45米。台上三排圆木柱，檐柱均高3.45米，比较粗大，收分明显，用鼓磴础。金柱高达3.6米，用宋金时期流行的覆莲础。台上隔扇已毁，台前两侧尚存八字音壁。东西山墙上还有水泥制成的小黑板，这里曾作本村小学的教室。

清末宣统元年对戏台的改造，主要是把明代前后四架椽的舞台，跨度改成了五架椽，又在明代戏台檐柱之前，增加了一排檐柱，再将原来的斗拱取下、废弃，重新制作了斗拱并安装在新伸出的屋檐之下。戏台门面上的木构件，或直接雕刻成动植物形象，或在其表面贴上木雕块，显示出清末喜欢雕琢的时代风气。唯其檐柱和金柱距离太近，有些不够规范。八字音壁是明代戏台的旧物，由于新增加了一排檐柱，所以只露出其宽度的一半，显得特别狭窄，实际上已经起不到多少扩音的作用。这些都是改造得不够妥善的地方。

戏台梁架结构的改造，是将五架梁前端置于旧台额枋上，梁上再立三根童柱，分别支撑三架梁和下金檩，三架梁上再施叉手、童柱，平身科耍头后尾插入童柱中，支撑脊檩。柱头斗拱的耍头后尾，插进五架梁上旧台额枋支撑的下金檩的童柱中，还算牢靠。

戏台所有的斗拱都经过细致雕琢，并用一条透雕卷草形的木板，将每攒斗拱的耍头串联起来。正心瓜拱用的都是透雕翼拱。明间平身科为三缝斜拱，中间华拱雕为龙头，耍头雕为龙身，衬方头雕作龙尾。两旁衬头木雕作鼻子上卷的大象头，外侧衬头木又雕作龙头。龙

翼城县西贺水村关帝庙戏台

与大象的形象，均给人以律动之感。明间大额枋浮雕二龙戏珠，龙身上下点缀的全是含苞欲放的牡丹。次间大额枋正中为三只幼狮滚绣球，两侧是盛开的鲜花。可惜额枋木雕块失落殆尽，仅剩明间正中一块，刻的是两位仙人。看来清人改造它的目的，除了延伸舞台以增其使用面积外，再者就是彻底美化戏台的脸面，让它变得漂亮起来。

西贺水村的庙会早已停办，戏台自然也就不再使用，但它至今仍然是该村的标志性建筑，得到村民的保护。

运城篇

芮城县永乐宫山门搭板戏台

永乐宫，又名大纯阳万寿宫，是为纪念"八仙"之一的吕洞宾而建造的一座大型道观建筑群。原址位于山西省芮城县永乐镇峨嵋岭下的招贤村，因修建三门峡水库于1959年始迁址于芮城县城北3公里的龙泉村东侧。它平面呈南北狭长形，宫门、龙虎殿、三清殿、纯阳宫和重阳殿，均在中轴线上，宫内存碑数十通。吕洞宾和元代全真教知名人物宋德方、潘德冲的三座古墓也一并迁往现址。永乐宫始建于元代，施工期前后共110多年，1961年获批全国重点文物保护单位。关于永乐宫龙虎殿戏台，一直以来，多数学者认为其是一座元代宫门兼戏台的建筑，几成定论，为诸多学者所采信。其中不乏戏曲文物研究方面的权威著作《中国戏曲文物志·戏台卷》《中国戏曲文物通论》，以及其他一些剧场史、戏曲史、戏曲文物的论著，均从其说。但随着笔者对古戏台的大量实地考察与深入研究，认为龙虎殿为元代搭板戏台疑点重重，这一结论值得商榷。

龙虎殿因为塑有道教的护法神青龙和白虎而得名，其实是元代的宫门。单檐庑殿顶建筑，基高1.5米，面阔五间21米，各间均宽4.2米，进深两间六椽9.6米。圆木柱，覆盆础，柱收刹、柱侧角、柱生起明显。阑额、普拍枋于柱头相交，伸出柱外，断面垂直截去，亦无任何雕饰。斗拱五铺作单杪单下昂，蚂蚱头耍头，拱面不抹斜，补间

芮城县永乐宫山门搭板戏台

铺作各一朵。四转角皆三缝，由昂上有平盘斗，但宝瓶已失。仔角梁下悬有铁铎，迎风作响。笔者先后十余次实地调查了永乐宫，据龙虎殿木构建筑用材及结构特征判定，确为元代建筑无疑，但并非元代搭板戏台，大家忽略了龙虎殿作为搭板戏台后期局部改造的可能，执意认为是元时宫门兼戏台的建筑，且有学者认为此是"山门戏台之鼻祖"[1]，"山门舞楼（戏台）的雏形"[2]，并由此推断当时大量的道

[1] 罗德胤：《中国古戏台建筑》，东南大学出版社，2009年，第26页。

[2] 冯俊杰：《略论明清时期的神庙山门舞楼》，《文艺研究》2001年第4期。

教宫观中建有戏台并有戏曲演出[1]，这是极不妥当的。笔者在实地调查的基础上，结合永乐宫文献记载以及道教文化、戏曲文化、剧场类型、剧场属性、剧场建筑结构特征、剧场演进等各方面内容综合考量，以得出科学合理的判断结论。

判断永乐宫龙虎殿非元代戏台有以下依据：一是文献载录缺失。查阅芮城永乐宫唐至清所有碑刻、题记、写卷等文献载录，没有一处关于龙虎殿为元代戏台的相关记载。最早记载永乐宫山门开创的相关文献为元至元七年（1270）《九峰山纯阳上宫创修始末》（碑名为编者自拟），碑曰"愚存心处志，开创山门……不及二纪，山门并立，宫观齐兴然"[2]。可见，永乐宫山门的开创在元至元五年前后，至元七年竣工勒石贞珉，碑文只字未提龙虎殿及戏台等信息。永乐宫元代宫门被称作"龙虎殿"，只因前槽两梢间原塑有道教的护法神青龙和白虎塑像，左右各一，故名。龙虎殿后槽两梢间的三面墙上绘满壁画，柴泽俊的《山西寺观壁画》中统计龙虎殿六面墙元代壁画合计80.1平方米，绘画内容有神荼、郁垒、神将、神吏、天丁、力士、城隍、土地等地方神祇三十二尊，统领天下山川、田野和执行护卫职能[3]。北面当心间悬挂"无极之门"竖匾，匾额落款题曰："时大元

---

[1] 景李虎：《永乐宫龙虎殿考论》，《中华戏曲》第8辑。

[2] 《九峰山纯阳上宫创修始末》。

[3] 柴泽俊先生回忆：这些壁画在过去相当长的一段时间内已被后人用泥皮掩盖，1959年开始迁移永乐宫后才被发现和清洗出来。柴泽俊：《山西寺观壁画》，文物出版社，1997年，第44页。

国至元三十一年（1294）岁次甲午九月重阳日建"，为判定龙虎殿竣工的主要证据。所以，从永乐宫历史文献载录方面看，没有任何文字信息可以证明永乐宫元"无极之门"（龙虎殿）为演剧之戏台；再者，龙虎殿内青龙、白虎雕塑以及神荼、郁垒等神灵图像亦丝毫没有涉及与戏剧演出相关的内容。

二是戏台建筑形制不合常规。首先，龙虎殿是单檐庑殿顶建筑。庑殿顶建筑有一条正脊和四条斜脊，四面斜坡，且四个面都是曲面，故又称四阿顶、五脊顶。庑殿顶为中国古典建筑中等级最高的形制，一般用于皇宫、庙宇中最主要的大殿，可用单檐，特别隆重的用重檐，著名的如北京故宫太和殿，武当山太和宫金殿，五台山佛光寺、南禅寺等。永乐宫受元统治者推崇，对官方建筑礼制当有一定的讲究，现存四座元代建筑中，无极殿（三清殿）、龙虎殿均为单檐庑殿顶，纯阳殿、重阳殿皆为单檐歇山顶，足见无极殿（三清殿）、龙虎殿在永乐宫中的重要性，以如此高等级的建筑作为演剧之地，是否有越礼之嫌？其次，结合元时戏台遗构分析。元代戏台共同特点为平面呈正方形（或近似正方形），面阔、进深均为一间，面阔在4.65—9.38米之间，进深在4.3—9.25米之间[1]，其顶制多为单檐歇山顶。而龙虎殿平面呈长方形，通面阔五间20.68米，通进深两间9.6米。与元代戏台形制差异较大，属于孤例。另有沁水县姚家河村龙王寺有元至正四年

---

[1] 车文明：《中国古戏台调查研究》，中华书局，2011年，第6—10页。

（1344）戏台石柱遗存，有学者推断为面阔三间[1]，但这一被学者们认定为元代戏台的遗址本身存在诸多质疑。戏台石柱为元代遗物，确凿无疑（有铭文可证），但面阔三间，基高2.5米，这显然与元代戏台形制大不相同，极有可能为明清重建之时使用了元代遗留的石柱。龙王寺在元代可能曾经有专设戏台，但基高2.5米，面阔三间的戏台，应该已经是明代及以后修建的戏台样式了。再者，龙虎殿为永乐宫元代山门建筑，但问题关键在于是否元时已专设搭板凹槽，用于搭台演剧，形成山门兼戏台的雏形？目前，元代山门式戏台仅有此座有质疑的龙虎殿山门兼戏台，山门式戏台形制的真正创立与形成始于明中叶，正如冯俊杰先生所言："山门舞楼（戏台）创建于明而普及于清"[2]，山西省长治市潞安府城隍庙明嘉靖三十四年（1555）山门与戏台组合式建筑为山门式戏台的形成标志。之后，山门式戏台开始逐渐增多，如晋城市城区西上庄街办庞圪塔村玉皇庙明万历三年（1575）《创建玉皇庙记》曰："南山门舞楼三间"[3]；长治县城关崔府君庙明万历二十四年（1596）《重修崔府君庙碑记》曰："上为舞榭，下洞则中

[1] 田同旭、李来虎：《新发现的沁水元代戏台遗址考察》，《中华戏曲》第7辑；冯俊杰：《山西神庙剧场考》，中华书局，2006年，第140—141页。

[2] 冯俊杰：《略论明清时期的神庙山门舞楼》，《文艺研究》2001年第4期。

[3] 碑存晋城市城区西上庄街办庞圪塔村玉皇庙西厢房廊下，笏首，尺寸未测。

门也"[1]；泽州县高都东岳庙明万历四十六年（1618）《创修拜殿山门记》曰："创立山门，上为舞楼"等等[2]。发展至清，山门戏台已经成为神庙、会馆、宗祠等剧场类型的流行式样，普及开来。可见，龙虎殿山门式戏台元时已经设计完成不大可能。再看山门式搭板戏台，目前调查所知[3]，除龙虎殿外，山门式搭板戏台只有清代的12座。

三是佐证非实证。潘德冲石棺杂剧线刻图是永乐宫文物遗产的重要组成，可以作为永乐宫元代创设戏台的佐证，但并非实证。景李虎、冯俊杰先生认为主持修建永乐宫的潘德冲石质棺椁上雕刻的杂剧演员是在山门戏台上，所以联想到龙虎殿为元代戏台，且认为潘德冲对杂剧的由衷热爱直接影响了永乐宫演剧场所的兴建，"在他主持修建的永乐宫的布局中，不能没有戏台的位置"[4]，这样的推断确有将佐证认定为实证的嫌疑。再者，如果以潘德冲棺椁演剧图推断其热衷戏曲，促使元时永乐宫兴建了龙虎殿宫门兼戏台，那么，同样是潘德冲主持修缮的平遥清虚观为何没有受其影响将戏台纳入道观之中？蹊跷的是，平遥清虚观迟至清光绪三十二年（1906）才将平遥纸活铺

---

[1] 碑存长治市城隍庙（文博馆）献殿西侧，螭首龟趺，正书，碑通高310厘米，碑身高90厘米，宽92厘米，侧宽29厘米，额篆"重修府君庙记"。冯俊杰：《山西戏曲碑刻辑考》全文收录，第303页。

[2] 碑存泽州县高都镇东岳庙内，笏首方趺，碑高210厘米，宽65厘米。

[3] 据车文明总主编：《中国戏曲文物志》，三晋出版社，2016年；《中国戏曲志》（30部省卷）及笔者近十年调查所得资料统计。

[4] 景李虎：《永乐宫龙虎殿考论》，《中华戏曲》第8辑。

"六合斋"许立廷创制的"纱阁戏人"吸纳到观中[1]，在清虚观斋醮活动时展出。可见，平遥清虚观对戏曲敞开大门已是清末。故从这一点亦可以看出永乐宫龙虎殿山门兼搭板戏台的设计也不会太早，更勿说兴建于元代了。

河津市樊村镇关帝庙明代戏台

河津位于山西省西南部，运城市的西北隅，汾河和黄河汇流的三角地带，东迎汾水与稷山县为邻，西隔黄河与陕西省韩城市相望，南有台地与万荣县毗连，北依吕梁山与临汾市乡宁县接壤。宋宣和二年（1120），改龙门县为河津县，属暖温带大陆性黄土高原气候。樊村镇地处河津市北端，距河津市区约10公里。樊村镇因明代樊姓迁此定居而得名，境内有摩天寨、半坡山、九龙洞、鹿蹄山等景区。关帝庙位于樊村镇北，始建年代不详。现存建筑只剩戏台，碑刻不存。戏台脊槫板题记曰："明洪武二十四年九月十八日阖村创建，成化四年（1468）四月二十五日重修。"这是迄今为止，在山西乃至全国发现的最早的明代戏台。

戏台坐南朝北，歇山顶，筒瓦布顶、琉璃脊。正中的脊刹一高二低，屋顶垂兽、戗兽善存。清代维修时在正面增设了两根辅柱而呈现出五间之假象，从背面看还是三间。它面阔11.6米，其中明间宽3.85

---

[1] 冯俊杰、王志峰：《平遥纱阁戏人》，山西古籍出版社，2005年，第1—2页。

米，前后四架椽，进深8米。原来台基较高，今人垫平院子，使地面与台基持平，并且拆除了后墙及两梢间的前墙。

台上三排圆木柱，前平柱用鼓镜础，其余用覆盆础。檐柱平均高约3.3米。清代维修时，因增设辅柱，其他檐柱也有移动，故其斗拱均不在柱头上。斗拱四铺作单下昂，耍头蚂蚱头。补间铺作各一朵，唯明间一朵耍头刻作龙头。四转角斗拱皆三缝，出斜昂、由昂。南檐明间阑额较窄，两端插进次间宽大的阑额中。戏台北面是其正面，斗拱之下，紧贴阑额施有垂花，有狮子、麒麟、牡丹等图像。

稷山县南阳村法王庙明代戏台

稷山县位于山西省西南部，汾河下游，因县域南部有传说中后稷教民稼穑的稷王山，故而名曰稷山。南阳村属稷山县城关镇，位于县城西部3公里处，居民5000余人，姚、苏、王为大姓，国学大师姚奠中先生出生于此。村民主要以务农、外出打工为生。

稷山县南阳村法王庙戏台为明成化十一年（1475）创建。法王庙位于南阳村西部，坐东朝西，中轴线上分布正殿、舞庭、山门，两侧有朵殿、配殿等建筑。法王，此指玄武，道家之号。庙内遗存的明成化十一年《法王庙创修舞庭记》碑[1]，碑阴刻有庙貌图，为明代法王庙的整体样式。

---

[1] 碑高173厘米，宽73厘米，笏首方趺，正书，现立于正殿之前。

稷山县南阳村法王庙明代戏台

据庙貌图碑所示，成化年间南阳村法王庙就已相当严整。中轴线上自西向东依次为牌楼、山门、舞庭、献殿、香亭、正殿。正殿两侧为朵殿，北朵殿供七星，南朵殿奉九耀。北殿祀后土，南殿祭十帅（马、赵、温、关、邓、辛、庞、毕、石、吕），配殿以下尚有廊庑各九间。现在，牌楼、歇山顶献殿、攒尖顶式香亭、北配殿及两侧廊庑等已不存。

法王庙大戏台碑中称之为舞庭，庙貌图中标作乐楼，重檐十字歇山顶三间，副阶周匝。主体屋檐略高于三面廊檐，显示出错落之美。楼顶铺设筒瓦，黄绿琉璃脊。台基高约1米，正面宽与侧宽均为15米。舞台面阔7.3米，进深10米。戏台内四角柱为粗大的圆木通柱，素平

础，撑起大屋顶。柱上阑额、普拍枋彩
绘尚存。转角斗拱双下昂五铺作，凹脸
蚂蚱头。补间铺作共三朵，形制与柱头
铺作相同。表演区及后台均有较大的空
间。两侧廊下台口处加砌小屋，当为文
武场和化妆间。

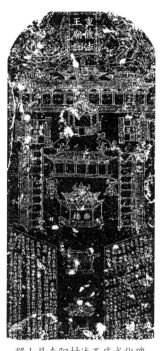

舞庭内顶为藻井，转角两侧相邻的
斗拱后尾各施一抹角梁，抹角梁上安装
第一重方井，其余斗拱衬方头，后尾则
挑于井架之下，然后借助大斗及十字拱
垫起八角井。八角井上再施斗拱，其正
中者为斜拱，斜拱之上各施一枋，从而
形成方井。井上斜施阳马八条，向上交

稷山县南阳村法王庙成化碑

会于十字脊正中雷公柱。老角梁墨书题记曰："时乾隆陆年（1741）
六月初一日吉时换梁重修，施工□□□祈保合村吉祥。"除大梁更换
过外，其余绝大多数木构件仍是明代遗物。

成化十一年《法王庙创修舞庭记》碑载，舞庭"兴工于成化辛卯
（1471）之仲春，落成于成化乙未（1475）之季夏"，前后用去五年多
的时间；又说它"规模雄壮，制作工巧，廉隅整饰，或无上焉"。碑末
署名有知县张谅、县丞张衡、主簿杨庆等，表现出明代地方官对于创建
神庙戏台的高度热情，对于赛社演剧传统的积极态度。

新绛县阳王镇稷益庙明代戏台

新绛县位于山西省西南部，东临侯马市，西接稷山县，南连闻喜县，东北与襄汾县接壤，西北与乡宁县相邻。阳王镇位于新绛县城西南15公里处，南依嵋山，北临汾川，西仰稷峰，东望县城，是个比较富裕的地方。东岳稷益庙处在阳王镇中部，坐北向南，现仅存大殿和戏台，均为明代建筑，大殿内四面墙壁均有绘画，保存完好，庙存明清碑刻5通。2001年公布为国家级重点文物保护单位。

正殿悬山顶五间，六架椽，无前廊，出檐较深，形制古朴。殿顶琉璃脊筒瓦，脊上正中为琉璃楼阁，两侧是狮子驮宝珠，仙人走兽略有残缺。圆木柱三排，素平础或覆盆础，柱头卷刹，柱侧角明显，柱上是普拍枋和阑额，施斗拱五铺作双下昂，昂嘴上卷，拱面抹斜，耍头麻叶云。殿内唯明间施六椽栿，梁头伸出刻作耍头。梁上设蜀柱支承四椽栿，四椽栿上竖二蜀柱加合踏，支承平梁。明间顺脊串上墨书题记可见"时弘治拾伍年（1502）岁次壬戌三月□□□□，奉训大夫、知绛州事徐，重建竖柱，大吉"等字。

大殿内供奉东岳、后稷和伯益三位神灵，一位自然神，两位人格神，将他们凑在一起，祀于正殿，且以东岳居于中间之主位，这在全国神庙中恐怕也仅此一例。东岳大帝掌管人的生死寿夭，后稷是农神，伯益是掌管山泽之神。东岳稷益庙始创年代不详。其嘉靖二年（1523）《重修东岳稷益庙大功德主》碑曰："大元至元五年（1268），北社村原任河东铁冶都提举司富国冶管勾张良佐，施铁香炉一座。"嘉靖二年《重修东岳稷益庙之记》碑亦云："东岳稷益庙也，罔知肇自何代，元至元间重修正殿。"可知元初即有此庙。又说："（正殿）旧三橺，国朝弘治间恢为五橺，增左右翼室各四橺。正德间复增山门三橺，献庭五橺，舞庭五橺，缭以周垣，架以长廊。"庙貌至此完备。橺，楹也。光绪二十七年（1901）《重修东岳庙暨关帝土地诸神庙碑记》载，正殿左侧是圣母殿，右侧是关帝殿，西配殿供奉土地和财神，自殿而下是东西两廊，庙中间建设戏楼，戏楼两侧是钟鼓楼，共60余间。

新绛县阳王镇稷益庙正殿

东岳稷益庙戏台为单檐歇山顶，明三间暗五间，前后四架椽，台上两排柱。屋顶灰脊筒瓦覆布，脊上饰件完整。明间为表演区，特别宽大；两旁是乐池；次间则是化妆间。今人将明间台口加工为圆弧形，整体为明代建筑的风格。台上木柱比较粗大，平柱方形，角柱圆形，均用素平础。柱侧角、柱生起都很明显。宽厚通长的大额，平置于平柱之上，与次间同样宽厚的大额对接，使阑额显得非常窄小。舞台通阔19米，其中明间宽11.5米；通进深7.3米。平柱高4米，台高1米。后台西墙辟有小门，便于艺人通行，这是目前发现的面积最大的明代戏台。

盐湖区池神庙三连戏台

山西运城盐池池神庙，是国内唯一的一座祭祀"池神"的庙宇。盐池在安邑、解州间，运城之南，中条山北麓，由大小数池组成，幅员广阔。《山西通志》记光绪间盐池"东西五十五里，南北七里"。又说："旧分两池，以近安邑者为东池，近解州者为西池。今又以近运城者为中池，而通谓之大池。"[1]河东盐池的盬盐很早就得到了开发利用，成为中国北方历代民众日常生活的必需品，国家财政收入的重要来源。池神庙始建于唐大历十二年（777），史载唐代宗李豫赐运城盐池为"宝应灵庆池"，钦定在盐池建庙，赐封池神为"灵庆

---

[1]《山西通志》卷七一《盐法略下》，第4886页。

盐湖区池神庙三连戏台

公"，列入国家祀典。池神庙位于运城市南，属盐湖区，距城1公里。庙存二进院，有盐池神、风洞神、太阳神三大殿，过路式三连戏台，以及关帝、土地、山神等祠，庙存元代以来碑刻30余通。光绪《山西通志》载：

解盐池，尧时洪水方殷，池尚淤泥。《禹贡》盐絺，但见青州。《周官》有盬盐，谓不炼而成，盖解盐也，故图经引《穆天子传》，有安邑观盐池之语。《左传·鲁成公六年》，晋人谋去故绛，诸大夫皆曰，必居郇瑕氏之地，沃饶而近盬，即解盐也。[1]

---

[1]《山西通志》卷七一《盐法略下》，第5055页。

盐池神庙现存的三大殿，均为重檐歇山顶各五间，四出廊。殿顶琉璃脊、瓦覆布。回廊和殿内全用圆木柱，大鼓镜础，柱头有卷刹，然角柱的柱侧角及柱生起都不明显。正殿檐下悬有"灵庆公神祠"之匾，内供二盐池之神。

三连过路台建在同一座台基之上，悬山顶，分别面对池神、日神、风神三大殿，体现三位主神每神一台的观念。中台三间，侧台各两间，匾曰"奏衍楼"。舞台前后五檩四椽，三排圆木柱，素覆盆础。三连台通阔30米，通进深9.5米，基高2.9米。底层门洞高2.4米，宽3.3米，台上柱高3米。中台楹联两幅，平柱联曰："奸雄百计得便宜，难免当场唾骂；忠贞一时受痛苦，须知后世称扬。"边柱联曰："要看早些来，好文章惟争入首；须看完了去，大忠孝皆在后头。"

关于奏衍楼建造的时间，现存嘉靖十四年（1535）光禄寺卿马理《河东运司重修盐池神庙记》碑载："经始于嘉靖癸巳（1533）之秋，落成于甲午（1534）之夏"，其中"前檐廊合为间四十有八，为乐台一，为二门三"[1]，指的便是这座戏台。

山西被誉为"中国戏曲的摇篮"，现存的金、元、明、清时期的古戏台统计在3000座以上，在全国排名第一。高平市王报村二郎庙建于金大定二十三年（1183）的戏台，是中国现存最早的戏台，

---

[1] 碑高310厘米，宽147厘米，正书，螭首龟趺，立于大殿台基之前左侧。此碑全文连同作者的考述，见冯俊杰等著《山西戏曲碑刻辑考》卷五。

全国仅存的16座金元戏台全部集中于山西，尚存的明代戏台山西多达46座。本书中选取了82座历史较早、保存相对完整的古戏台进行介绍，作为一本旅游导览性质的小册子，结合戏台的文化特点，本书编者在叙述中主要把握三个方面的特点，一是突出戏台分布的空间特点，山西古戏台遍布全省各地，因此，各地戏台选取也基本体现了各地戏台保存分布的特点，即以晋东南的长治、晋城为最，晋中、吕梁次之，希望以此给读者一个初步的认识。其次，古戏台多数建在古庙宫观之中，从建筑角度而言，山西古戏台呈现了一个中国古代建筑的发展历史，可谓古建博览，是我们研究古典戏曲、戏曲文物、剧场建筑的活标本，故在介绍中重点将戏台的建筑特征进行详细说明，既体现了山西古建保护、戏曲文物研究等领域长久以来所做出的卓越工作，也为部分专业或兴趣至深的同仁做出一次报告，这样的工作也是一种有益的尝试。最后，那些历尽沧桑、繁华落尽的古戏台，散落在三晋大地的每一个角落，在岁月变迁中注视着人世间的悲欢离合，可以说，山西古戏台折射的是一部中华文化的发展史，也是一部展示山西人民生产生活、精神文化的心灵史，它既是戏曲艺术演变发展的重要标识，更是基层社会历史演进中的记录。因此，在叙述中尽量截取当地乡村的生活剪影，融入古戏台的介绍中，添一些生活气息，让读者更容易贴近与感受。是的，古戏台在历尽沧桑、洗尽铅华之后，如同饱经风霜的老人，望着它，人们似乎回到了那被湮没的岁月，隐约感到那古老而又深沉的曲调还在乡野村镇的上空回荡。有道是："绎彼此演古今喜怒哀乐，洞世事谙人情悲欢离合"，让我们在古老戏台的韵味中再次回望我们逝去的历史，守望精神的家园。

山西传统剧场遗存现状调研报告

山西由于独特的地理与人文环境，具有丰厚的历史文化遗存，而传统剧场遗产是其重要组成部分。据有效统计可知，山西传统剧场遗存数量为3515座，其中，金元时期遗构16座，明代46座（全国87座），清代、民国剧场3453座。这些剧场在地域分布上呈现出晋东南最多，晋南次之，晋中稀疏，晋北偏少的特点，且各地区域建筑技法和风格较为明显。在实践调研的基础上分析可知，传统剧场面临着被占用、废弃、损毁严重、缺乏保护修缮、脱离民众等问题和困难，亟待社会各界关注。

传统剧场大体可分为固定剧场和非固定剧场。非固定剧场即临时搭建剧场或"划地为场"，由于其简繁不一、灵活多变，且往往用毕即拆，故学界对其关注不多。而传统剧场中大量的固定剧场建筑遗产，不仅是物质文化遗产，还是诸多非物质文化遗产（戏曲艺术、建筑工艺、美术、书法等）的重要载体，属于双遗产范畴。康保成先生认为传统剧场建筑是至少具备了"非遗"载体、文物保护单位、营造技艺等三重属性的特殊文化遗产。自20世纪80年代以来，传统固定剧场（为行文便，后文将"传统固定剧场"仍称为"传统剧场"）的调查研究已成为戏曲研究的重要课题。而山西境内传统剧场遗存数量居全国之首，不仅历代时序演进明晰，而且类型多元，布局形制丰富多样，了解其遗存现状具有重要的现实意义。

一、山西传统剧场调查概况

山西省位于太行山以西，黄河以东，故可称山西，也可称河东。山西之所以被誉为地上文物大省，与山西省境内遍布城乡的古建筑遗存有着重要而密切的关系，在全国古建筑遗存（尤其元代之前）中占比极大。我们对照已公布的三普数据及各级文物保护名单，对山西元以前的木构建筑遗存进行了统计：山西境内目前遗存唐代建筑3座、五代4座、宋代34座、辽代3座、金代113座、元代339座，共计496座。全国共遗存金以前木构建筑191座，其中山西遗存157座，占全国同期的82.2%；全国共遗存元代木构建筑389座，山西占全国同期的87.15%；全国共遗存元以前木构建筑580座，山西占全国同期的85.55%。山西古建筑遗产不仅时代脉络清晰、数量庞大、类型丰富，而且建筑结构、用材尺度和制作手法等区域特征明显，在全国享有重要地位，堪称中国古典建筑建造和遗存的极盛之地。其中传统剧场是其重要的建筑类型，广泛散布于山西境内各个城镇村落，闪烁着历史的光芒。

关于山西省传统剧场的调查研究，20世纪80年代至90年代末期有关部门在编撰《中国戏曲志·山西卷》时有过统计，原文提到"经文物部门普查，山西仍有清代以前庙台2887座，仅及原数十之二三"，这个统计数据非常精确，但对于这些古戏台的确切名录至今没有公布，到底是哪些戏台，不得而知。对于山西这样的文物大省而言，对全省境内所有的传统剧场做专业的实地调查统计，绝非易事。此方面的工作，山西师范大学戏曲文物研究所（今戏剧与影视学院）的团队成员功不可没，团队师生百余人通过近四十年的调查研究，加之各级文物管理部门以及一些地方文化学者的共同努力，对山西传统剧场的遗存状况有了较为专业的调查研究，对于山西传统剧场建筑遗产有了比较清晰的了解和较为充分的认识。

目前，以有依据、有图像为原则，统计出的山西传统剧场数量为3515座。在此之前，冯俊杰的《山西神庙剧场考》中对180余座神庙剧场做了专门的考证，冯俊杰、牛白琳、王潞伟的《山西省志·古戏台志》收录古戏台1063座，拙著《上党神庙剧场研究》收录山西境内上党地区（晋城、长治行政区域）古戏台1887座，颜伟的《被倒置的"金字塔"：山西古戏台保护现状及启示》对山西古戏台做过相关统计，该文中表1（山西部分县市区域古戏台调查报告情况）统计数量为1839座，数据来源主要是相关领域的硕、博士学位论文，其中襄垣县、阳城县、泽州县、高平市、沁水县、陵川县、晋城市城区等地戏台与拙著《上党神庙剧场研究》中的重合部分为1031座，其余县市共计808座。笔者经过十余年的调查统计，得出的最新数据为3515座，数据来源主要有以下路径：

①2008年以来实地田野调查所得；

②2010年以来相关著作、硕博士学位论文、期刊论文中的辑录；

③2010年以来地方文化机构或地方学人出版的相关书籍中辑录；

④2010年以来网页、博客、微信、抖音、快手中发布的。

上述3515座传统剧场，应该以动态观念理解。由于传统剧场建筑历时久远，并多被"废弃"，且自然损毁严重，就近十年时间而言，有些传统剧场可能已经荡然无存。也有的可能经过了程度不同的修缮，能否客观认定为传统剧场，有待具体的专业鉴定。当然，由于山西境内山高岭深，便于藏匿，可能仍有未登记在册的"漏网之鱼"。尽管如此，这个庞大存量足以证实山西传统剧场建筑遗产在全国传统剧场建筑中的重要地位。兹从以下几方面分析报告：

（一）山西历代传统剧场遗产数量及区域分布

宋代传统剧场没有建筑实物遗存，仅有文献载录；金元时期传统剧场建筑实物遗存以"舞亭"等演出场所为主，均属神庙剧场，目前调查统计为16座，除吕梁市石楼县前山乡张家河村殿山寺圣母庙元代舞楼外，其余15座全部位于晋南和晋东南地区，有确切纪年者7座，其余9座均是通过剧场布局、建筑风格、建筑技法及建筑形制、佐证史料等要素鉴定。

明代传统剧场建筑全国现存87座，其中山西境内46座，可确定创修时间的39座。有40座分布于山西南部，仅有6座剧场位于中北部地区，分别是宁武县东寨镇二马营村广庆寺成化十四年（1478）戏台、阳曲县侯村乡洛阳村草堂寺嘉靖十二年（1533）戏台、太原市晋祠嘉靖三十四年（1555）水镜台、忻州市忻府区西张乡东张村关帝庙万历九年（1581）戏台、代县新高乡刘家疙洞村古松寺天启二年（1622）

戏台、右玉县右卫镇马营河村五圣庙明代戏台。从庙宇属性看，明代城隍剧场建筑遗存数量较多，为6座，其规模较大，保护也比较完整。

清代至民国时期传统剧场数量庞大，其中民国时期的传统剧场也多是在清代建筑的基础上修缮而成，其基本的建筑形制和风格样式仍属于古典式传统建筑。分布区域上，晋城、长治数量最巨，为1887座，其中泽州县的传统剧场遗存为428座，高平市传统剧场遗存为342座。其次为运城、临汾、晋中地区，北部忻州地区和大同地区存量相对较少，但各县区亦多有分布。

（二）山西传统剧场的属性及区域分布

从传统剧场属性，即剧场所属场域和功能看，大致可分为四大类：一是神庙剧场、祠堂剧场等祭祀性场所剧场；二是勾栏瓦舍、茶园酒楼、戏园子等商业性剧场；三是同行、同乡等群体聚集场所的行会公所剧场；四是皇家仕宦豪族等的私密性、等级性较高的宫苑厅堂剧场。这其中多数为固定建筑剧场，但亦不乏临时搭建的剧场建筑，通俗地讲，上述四类属性的剧场在一些特定时期，或特定领域均有临时搭建戏台及观剧设施的相关图像和文献记录。

这其中神庙剧场建筑存量最大，分布最广。神庙剧场的整体布局为坐北面南，中轴线上自北向南一般为寝宫、正殿、献殿（或舞亭）、二道门、戏台（山门戏台），两侧一般自北向南为侧殿、耳殿、配殿、厢房（二层看楼）、社房（二层戏房）。但由于时代、地域不同，庙宇供奉的主神及祭祀仪轨又有差异，一些剧场布局略有个性。如一些金元时期的神庙剧场，"舞亭"往往位于庙宇中央，平顺县北社乡东峪村九天圣母庙剧场、阳城县驾岭乡封头村剧场、阳城县泽城村汤王庙剧场等都是这样。从神庙属性看，民俗神系神庙剧场较为普遍，且有地域分布差异，如各地城隍庙剧场，由于其具有官方主导、民间参与的特殊属性，故遍布各地，且规模宏大，建筑用材均为优质材料，其顶制普遍使用琉璃瓦饰。分布较多的神庙剧场为关帝庙、玉皇庙、三教堂等剧场，上党地区关帝庙剧场遗存113座，玉皇庙剧场为106座，三教堂剧场63座；汤王庙剧场在阳城地区较为普遍，现存剧场88座；炎帝庙剧场主要分布于上党地区羊头山周围，以高平与长子地区为多；后土庙剧场多分布于汾河两岸。从时代角度看，明末以来一些佛教寺院出现了专门的演剧场所，仅上党地区佛教寺院剧场遗存便在85座以上。

　　除大量的神庙剧场外，宗祠剧场、会馆剧场、私人宅院剧场、皮影偶戏剧场也多有遗存。如宗祠剧场现存21座：沁县郭村镇仁胜村田氏宗祠剧场、晋城市北石店镇中河东村刘氏宗祠剧场、泽州县巴公镇西郜村李氏祠堂剧场、泽州县巴公镇西郜村张氏祠堂剧场、泽州县柳树口镇井洼村北李街李氏祠堂剧场、襄垣县上马乡夏庄村郭家祠堂剧场、阳城县河北镇匠礼村杨氏宗祠剧场、陵川县西河底镇东王庄村段家祠堂剧场、翼城县西阎镇十河村侯氏宗祠剧场、翼城县隆化镇两板村李氏宗祠剧场、灵石县静升镇静升村王氏宗祠剧场、灵石县集广村何家祠堂剧场、代县枣林镇鹿蹄涧村杨忠武祠（宗祠）剧场、永济市卿头镇西卿头村钟家祠堂剧场、原平市中阳乡南头村杨家祠堂剧场、平遥县岳壁乡南西泉村赵家祠堂剧场、平遥县东泉镇遮胡村霍家祠堂皮影戏台剧场、平遥县段村镇横坡村张家祠堂皮影戏台剧场、祁县罗家庄罗家祠堂剧场、闻喜县郭家庄镇杨家庄村杨氏祠堂剧场、晋中市榆次区车辋村常家庄园常氏宗祠剧场。调查统计可知，北方宗祠剧场建筑总体上没有南方遗存数量多、分布广，山西境内有少量遗存，但从建筑风格上看，山西宗祠剧场建筑同神庙剧场建筑差异不大。

山西境内皮影偶戏台遗存14座，形成精致小巧的剧场。如孝义市下堡镇马术岭村关帝庙皮影戏台、孝义市下堡镇桃树沟村关帝庙皮影戏台、孝义市下堡镇前庞沟村佚名庙皮影戏台、孝义市高阳镇神福村皮影木偶两用戏台、平遥县东泉镇东戈山村玉皇庙皮影戏台、平遥县朱坑乡庞庄村狼神庙皮影戏台、平遥县东泉镇遮胡村霍家祠堂皮影戏台、平遥县卜宜乡敖坡村十王庙皮影戏台、平遥县段村镇横坡村张家祠堂皮影戏台、平遥县段村镇希贤村关帝庙皮影戏台、临汾市尧都区吴村镇南太涧村皮影戏台、介休市绵山镇小靳村道马巷皮影戏台、翼城县南梁镇故城村故城观音堂皮影戏台、新绛县城隍庙二层大戏台之皮影偶戏台等，主要沿汾河中下游两岸分布，呈现出带状分布特点，且与皮影偶戏流行区域有一定的吻合。晋北地区、晋东南地区尚未发现固定的皮影偶戏台建筑实物遗存。

会馆剧场极为罕见，目前仅发现陵川县府城镇府城村陵邑会馆剧场1座。与清代晋商遍布天下有密切关联。

清代，出现了私人宅院剧场，且有少量遗存。如高平市原村乡良户村田宅剧场、太谷县白塔区上观巷孔家大院剧场、祁县渠家大院剧场、太谷县北洸乡北洸村曹家大院（三多堂）剧场等4座是用于家庭节日礼仪及日常娱乐演剧的专门场所。

（三）山西传统剧场建筑及区域特征

从建筑用材、技法、形制等角度看，山西清代传统剧场建筑呈现出多样化的形态。从建筑风格的地域差异看，山西传统剧场建筑多为砖木结构的抬梁式殿堂形制，这与山西煤炭和特殊的土质资源丰富有极大关联，这两种资源的结合使得山西古建在建筑用材上得心应手。除大量的抬梁式剧场建筑形制外，平遥、汾西等地遗存了大量的窑洞式剧场建筑，具有鲜明的地方建筑特色。窑洞式建筑一般分为靠山窑、平地箍窑、窑洞与穿斗式形制结合的复合建筑。平遥、汾西等地大量的窑洞式戏台剧场多为窑洞与穿斗式形制结合的复合建筑体，前为砖木为主的穿斗式结构，后为典型的窑洞建筑，即后部窑洞往往作为演员化妆或临时休息的戏房使用。如平遥县岳壁乡梁村神宫剧场之戏台、平遥县岳壁乡赵壁村子夏庙剧场之戏台、平遥县岳壁乡赵壁村西神庙剧场之戏台、平遥县朱坑乡六合村三官庙剧场之戏台、平遥县卜宜乡靳村超山庙剧场之戏台均为此种形制。据杨阳运用专业设备测试，其音效确有特殊效果。

晋中地区传统剧场建筑常用卷棚顶制，或悬山卷棚、硬山卷棚、歇山卷棚，其中歇山卷棚顶像极了倒扣的元宝，故最受欢迎，当地形象地称其为"元宝顶"。上党地区的传统剧场擅长运用后悬山加前歇山檐角的组合顶制。雁北地区的传统剧场则擅长用半坡悬山顶或半坡硬山顶，且屋顶举折较为平缓，这与当地常年气温较低且雨水较少有很大关系。

清代以来，传统剧场在布局和形制上出现了多样化形态。布局方面，出现了"一庙多台"的布局。首先是"品"字布局。如长子县下霍村三嵕庙剧场三座戏台呈"品"字形，东西两座相对而建，当地俗称"对台"；蒲县柏山东岳庙剧场三座戏台也呈"品"字形布局，东华门、西华门上两座戏台相对而设，正南方向是山门戏台；万荣县庙前村后土祠剧场布局也呈"品"字形，只是在"二连台"基础上的"品"字布局。其次是"连台"布局，或"二连"，或"三连"，如定襄县受禄乡大南庄便有一座二连台剧场遗存，运城市盐湖区池神庙剧场、介休市后土庙群关帝庙等剧场、运城市芮城县东吕村关帝庙群剧场、壶关县神郊村真泽宫剧场等均为"三连台"。这样的剧场建筑布局充分显示出清代演剧文化的兴盛。

形制方面，出现了"一台多用"的现象。常见的山门式戏台即是兼具山门和戏台双重功能。再者，也有一些过路式戏台，将戏台底部中间改造为通道，平日里车马行人不断，演剧时戏台基座通道上搭起木板便可使用。还有一些"关防式"戏台，如高平市康营村关帝庙剧场，具备通道、防盗、演剧三重功能。这种位于村镇主要街道上的通道式戏台，一是考虑交通位置，在通信不便利的时代便于民众知晓演剧信息；二是能够在神庙空间位置受限的情况下最大限度地扩大观众区域。另外还有一些"双开口""三开口"戏台，繁峙县东庄村三圣寺旧有双开口戏台，应县寇寨村也有一座双开口戏台遗存，当地称其为"鸳鸯台"，"鸳鸯台"虽是前后开口，但是一般前后不远处各有一庙，神灵圣诞演剧时互为前后台；"三开口"戏台在山西境内发现的有介休市板峪村龙天庙"三开口"戏台，三个台口分别对应龙天庙、噤狮庙和远处山上的山神庙。这种布局是在保证民间礼乐规制的基础上做出的灵活变动，演戏敬神，戏台要正对神灵，但将本该"一庙一台"的规范礼制建筑做了灵活的"节省"处理，经济又实惠，可以看出晋中地区民众精明的商业思维。

另外，也出现了一些建筑群组式样的复合式戏台剧场。如介休后土庙、太原晋祠水镜台剧场、襄垣县城隍庙剧场、大同市云冈石窟剧场、阳城县郭峪村成汤庙剧场、介休三结义庙剧场、黎城县城隍庙剧场、晋中榆次区城隍庙剧场、长治潞安府城隍庙剧场等，虽然没有宫廷剧场的福台、禄台、寿台的结构宏敞繁复，但对于民间来说也极尽奢华气派。可见民众对神庙剧场的重视和推崇。

明代中期以来，神庙剧场中开始出现专门用于观剧的建筑设施。车文明在《中国神庙剧场中的看亭》中指出："出于增加观众席的需求，以及受封建礼教男女有别，防止在公共场所男女混杂之礼法影响，大约在明代末期，神庙剧场出现了一种新的建筑'二层看楼'。"目前，最早的关于观剧设施的记载是万荣县解店镇东岳庙明正德五年（1510）《重修子孙神母殿堂记》载录的重修"看亭"之事。阳城县凤城镇下孔村成汤庙明正德十六年（1521）《重修土地庙碑记》也有相关记载，"列看楼于兑方，起崇门于离方……西看楼推旧为新者"。清代神庙剧场内有关看楼的建筑实物遗存和碑刻文献载录数量惊人，已经成为一种非常流行的剧场布局形制。

从上述可知，山西传统剧场有以下特点：一是数量之巨，为全国之首；二是分布之广，散布境内各城镇村落；三是时序完整，演进脉络清晰，金、元、明、清至民国均有遗存；四是形制多样，因地制宜，地方特色明显。总之，无论从时代、数量、类型看，还是从形制、遗存分布情况看，山西传统剧场建筑遗产是中国传统剧场文化的重要标本区域。对山西境内传统剧场现状的调查研究具有重要的现实意义和参考价值。

二、存在的问题和面临的困难

山西传统剧场遗存数量巨大，虽然部分得到了有效地保护和利用，但是仍面临一些较为严重的问题和困难，概述如下：

（一）"占用""改造""闲置""废弃"等现象较为普遍

笔者在十几年的传统剧场调查中，发现大量的传统剧场被"占用""改造"，或"闲置""废弃"，以致无人问津，损毁坍塌。中华人民共和国成立后，破除迷信，兴校办学，由于大量的神庙剧场属于村社的公产，所以被"占用"或"改造"为学校、村委办公室、粮站等专用公共场所，从功能上发生了质的改变。由于建筑技术相对落后，对神庙剧场建筑主体改造的程度较小，损伤也较弱。山西传统剧场留存较多，与经济落后，未能开展大规模建筑更新有很大的关系。

改革开放以后，随着经济发展、科技进步，村委办公场所、村落中小学校、粮站等均另辟新地；再者，新中国成立以来，"戏改政策"广泛推广和落实，遍布城乡的传统剧场不能满足新式剧团较大规模的演出需求，各村社纷纷建起了规模庞大、气势宏伟的新型"人民剧场"，原有的庙宇包括剧场或被"占用"，或"废弃"，或"闲置"，甚至有的成了"垃圾场"，长期得不到有效保护，故损毁坍塌严重。

由于神庙剧场归属和功能主旨发生变更，致使修缮工作得不到保障，颜伟认为："如今情形发生了转变，维修神庙及戏台的主旨从'世俗生活必需'变为'文化遗产保护'，维修与保护的主体从村社百姓变为政府以及相关部门，致使很多在古建方面价值不大的神庙戏台荒废"。进入21世纪，官方对文物遗产更加重视，民众普遍认为"国字号""省字号"等各级文物保护单位，就应该由各级政府来负责保护修缮，而这些被认定的恰恰是少数，所以从覆盖面上看，大部分传统剧场得不到有效保护，处于"废弃"状态，广大民众从"主人公"变成了"旁观者"。这些被认定了保护级别和登记在册的神庙剧场建筑遗迹，级别越高，保护修缮力度越大。相反，那些保护级别低或未登记在册的传统剧场则任其坍塌，而山西境内传统剧场多数属于后者。

（二）损毁严重未制止

传统剧场建筑主要面临自然损毁和人为盗毁两种危机。

1.自然损毁案例

建筑遗产不同于自然遗产，需要不断进行科学有序的维护修缮，从我们多年的调查得知，庙宇修缮周期一般在30—60年。对于建筑物而言，一般来自自然界的损伤主要是地面反湿、雨淋或水淹等情况，如果在有效期限得不到科学的维护修缮，建筑主体将会遭受更大的损毁，一般古建筑先是屋顶漏雨，之后椽子、梁腐烂，最后柱、基受损坍塌。我们在实地调研中，看到的自然损毁坍塌的剧场不计其数。当然，也有遇到较大的自然灾害，如地震、洪水等情况，四川省都江堰二王庙戏台便是在2008年5月12日汶川大地震中坍塌的。

2.人为盗毁案例

近年来各地纷纷恢复古城、重建古街，使得建筑文物"黑市"交易猖獗，一些"废弃""闲置"的神庙剧场、民居老宅中雕刻精美的老建筑物件便成了盗贼的"猎物"。盗贼手段之残忍，盗毁物件之多，令人惊讶。如壶关县沙窟村玉皇庙山门戏台外檐柱础被盗后不久，外檐柱便倒塌；阳城县泽城村汤王庙山门戏台外檐柱础、泽州县大箕镇申匠村普渡寺山门柱础、阳城县蟒河镇泥河村兴隆寺多处柱础、高平市北王庄汤帝庙多处柱础、阳曲县北小店乡将军庄村五龙庙戏台、阳曲县北小店乡窨子沟村三郎庙台、晋中市榆次区庄子乡冯家局古戏台等，均遭盗毁，以致所涉古建遭到了致命的打击。还有一些传统剧场建筑由于防火意识淡薄，遭遇火灾，建筑遗产毁失殆尽，如祁门县会源堂古戏台、平遥县城内武庙剧场、长子县南鲍村汤王庙剧场、长子县西南呈村天神庙剧场、沁源县涧崖底村介子推庙剧场等均是毁于火灾。

3.双重损毁案例

也有遭受双重损毁的情况。如高平市晃山村白龙庙山门戏台，该庙宇位于晃山村北部白龙山顶，距离村社较远，早已被民众废弃，偶尔有香客供奉，但也力不从心，故长年风吹雨淋，没有任何保护修缮，坍塌非常严重。再加上盗贼的人为损坏，更是雪上加霜。山门檐柱下原有精美的石狮柱础，在文物"黑市"买卖中价值不菲，2012年左右，四座雕刻精美的石狮柱础被全部盗走，致使该山门戏台遭受双重损坏，危在旦夕。

（三）保护修缮不科学

1.受到有效保护的传统剧场仅是少数

颜伟博士对车文明先生的《中国戏曲文物志·戏台卷》中收录的424座山西传统剧场做了相关统计，其中属于全国文物保护单位的占15%，省级文物保护单位者占5%，市级占4%，县级占2%。《中国戏曲志·戏台卷》中收录的传统剧场均为专门遴选出的具有代表性的剧场，国保级单位中的戏台剧场全部收录，故所占比例看似较高，实际上仅有60余座。如果按照此次最新统计的3515座作为基数，那么属于国保范围的传统剧场仅仅占到1.7%。当然，除了一些被认定级别较高的文物保护单位中的剧场能得到相应的保护修缮外，位于山西境内的15个中国历史文化名镇、96个中国历史文化名村中的传统剧场也得到了相应的保护修缮。中国历史文化名镇、名村全国共799个，山西111个，位列第一。其中中国历史文化名村全国共487个，山西96个，位列第一；中国历史文化名镇全国共312个，山西15个，位列第6。如泽州县大阳镇即有西大阳村汤帝庙剧场、一分街村资圣寺剧场、三分街村关帝庙剧场、西大阳西街佛堂剧场等4座剧场；灵石县静升镇有王家大院剧场、后土庙剧场。

说到中国历史文化名村中的传统剧场，我们对高平市原村乡良户村进行过专门的调查，村落内外原有大小庙宇24座，现仍保留有松蓬庙、大王庙、玉虚观、皇王宫、关帝庙、山神庙、观音庙、牛王庙、文昌庙、白爷宫、奶奶庙、九子庙、真武庙、扶风阁、西阁、鼓楼阁、汤帝庙、石泊庙、佛堂庙等遗构；其中松蓬庙、大王庙、玉虚观、皇王宫、关帝庙、汤帝庙均设剧场，加上田宅（田逢吉家族）私人剧场，共计7座传统剧场，如今良户村已经成为旅游胜地，这些传统剧场也得到了科学有效的保护修缮。再如平遥县岳壁乡梁村神宫剧场，介休市龙凤镇张壁古堡（张壁村）的关帝庙剧场、可汗庙剧场，沁源县王和镇古寨村龙王庙剧场，泽州县北义城镇西黄石村玉皇庙剧场、三官庙剧场等，均得到了有效的保护修缮。

尽管受到有效保护修缮的传统剧场数以百计，但是从总量上看，仍有大量的传统剧场得不到有效保护，如壶关县集店镇集店村东岳庙剧场，戏台为硬山顶五檩，前带歇山檐，一面观，两侧耳房各一间，稍低于戏台，戏台整体风格恢宏气派、错落有致，且戏台上留存了三副精美的石刻对联。总体上判断，该戏台极具代表性，2008年笔者前往考察，该戏台处于"废弃"状态，损毁严重。2019年再度调研，损毁更加严重，紧靠戏台正前方甚至盖起了民房。沁水县龙港镇上木亭村城隍庙明代"移牮武楼"也是一座由宋代舞楼向金元舞楼布局过渡的具有代表性的剧场建筑，村委在2014年进行了"撑伞式"抢救性保护，笔者几次前往考察均未得到有效修缮。

2.非专业修缮导致的破坏现象较为普遍

被列为全国重点文物保护单位的有专门性和依附性两类，临汾市尧都区魏村牛王庙戏台、临汾市尧都区吴村镇王曲村东岳戏台、晋城市高平市寺庄镇王报村二郎庙戏台等均是以古戏台保护为主的专门性保护单位。一些传统剧场位于重点文物保护单位或历史文化名城、名村当中，但由于其与神庙、宗祠、会馆等建筑群为依附关系，且多处于从属地位，故专门性保护缺失。民间自发修缮，对于传统剧场建筑更具毁灭性，如近年来宁武县二马营村广庆寺剧场的修缮就比较失败。钱生械、康保成先生前往实地调研，只见台口四根檐柱已经刷了红漆，脊枋上原"大明成化十四年（1478）重新"及"大清道光四年（1824）重修"的题记全被涂抹。近年来，由于改革开放，农村经济也得到了快速发展，再加上国家对传统文化的弘扬，一些村子开始大规模修缮或改建村社庙宇，由于施工方没有专业的古建技术施工资质，即便是仿古建筑，也与原来的建筑风貌大相径庭，有的甚至"以新代旧"，推倒重来，毫无历史文化痕迹。这样的修缮实则是对历史文物的毁灭，是不值得提倡的。

（四）脱离民众无意义

一些得以修缮的国保、省保单位的剧场，在修缮后虽然有专人看管，但往往大门紧闭，纯粹地"保护"了起来，以致完全脱离了民众，不能够很好地发挥其作为文物的文化价值，这并非国家保护修缮文物的宗旨和初衷。如平顺县西青北村大禹庙剧场、平顺县侯壁村夏禹神祠剧场、临汾市尧都区东羊村东岳庙剧场、高平市舍利山开化寺等，均处于纯粹的"保护"状态。如何将这些珍贵的传统剧场建筑保护好、传承好、利用好是当前面临的又一重要挑战。

三、可行性方案

当前，传统剧场研究已成为学界研究之热点，但在现实社会生活中其仍然处于被冷落的境地。即便是一些全国重点文物保护单位的传统剧场，也仅限于学界人士和小众文旅爱好者前往参观考察。如何将其合理保护和开发利用？迫切需要可行性对策。兹据实地调研和科学分析，谈几点建议，供参考。

（一）摸清家底是根本

对于传统剧场建筑的遗存现状要有一个全面的了解，不仅关注其数量，而且对于传统剧场的保护状态、形制样式、测绘图示等进行全面彻底的调查记录，摸清家底是当前最基本的任务。山西作为传统剧场建筑最多的省份，在保护和合理利用传统剧场的任务上具有不可推卸的责任，我们要尽快建立完善的传统剧场建筑资源数据库，以资其他省份参考借鉴。

（二）"修旧如旧"为原则

"修旧如旧"的保护性修缮，学界多有探讨，以保留原始物件和原始形态为原则，在对建筑遗产进行修缮时"最小干预"，以保证最大限度保留传统剧场建筑的历史文化信息。全国重点文物保护单位长子县大中汉村三嵕庙、长治市潞城区郭庄大禹庙在修缮山门戏台时，不仅最大限度地保留了建筑原貌，而且对戏台墙壁上的题记也原样保留；晋城市城区掌村玉皇庙虽然是一座普通的庙宇，由村社民众自发修缮，但村委李广锁主任在修缮玉皇庙剧场时，查阅了相关文物修缮法规，以"修旧如旧"为原则，最大限度地保留了庙宇原貌。对周围环境和建筑群组的整体保护修缮，也是建筑遗产类文物保护和维修的一个重要理念，繁峙县平型关关堡以及堡内过街戏台修缮便是典型案例，堡内过街戏台是在整个平型关长城和关堡的规划保护区范围内，最大限度地保留了周边环境和建筑组群的面貌。张壁古堡、平遥古城、大阳镇、良户村等建筑遗产组群中的传统剧场的保护和修缮均以整体性的"修旧如旧"理念为原则，对于保护传统剧场的场域文化信息具有重要的历史价值和学术价值。

（三）异地迁建需谨慎

对古建筑异地搬迁实乃无奈之举，算一种折中的保护手段，但也需要谨慎行事。孝义市孝义皮影博物馆中有四座皮影戏台，分别是孝义市下堡镇后庞沟关帝庙乾隆年间皮影戏台、孝义市下堡镇马术岭村关帝庙嘉庆年间皮影戏台、孝义市下堡镇桃树沟观音堂康熙年间皮影戏台、孝义市高阳镇神福村皮影戏台。由于四座皮影戏台均属于单体遗存建筑，且规模较小，保护多有不便，故将其整体搬迁至孝义市皮影博物馆予以保存。1959年，沁县北部南涅水村发现了大量北魏永平三年（510）到北宋天圣九年（1031）的石刻造像，由于当地保护条件有限，后将其整体搬迁至县城南部二郎山的南涅水石刻馆，此馆后来将县域内留存的多数碑刻全部迁至馆内收藏。上述两地"异地搬迁"的保护方式大大节省了人力，但是丧失了文物属地的历史文化环境，没有了文物的"文化场域"，使得文物的历史价值大打折扣。

更有甚者，以贩卖手段，对原建筑遗构进行整体搬迁。阳曲县侯村乡青龙镇为发展旅游，异地整体搬迁了几座传统剧场，有关帝庙戏台、龙王庙戏台、泰山庙戏台、文昌宫戏台、文昌宫东侧戏台等。晋中市榆次区庄子乡六台村戏台被卖到广东番禺古建筑艺术馆；万荣县里望村村委会将清代古戏台以5万元人民币卖到山东一座民俗文化公园；万荣县上井村的一座古庙，包含正殿、配殿、戏台等全部被卖掉，不知去向。这种性质的"异地搬迁"要严格制止，因为这一行为势必造成古建筑大面积丢失，且在贩卖时这些古建筑多"隐姓埋名", 更使得建筑类文物完全丧失了原有的历史信息, 一定程度上也是对建筑遗产的损毁。

(四) 民众参与需提倡

由于山西境内建筑遗产数量巨大, 分布极广, 文物保护利用工作任务繁重, 政府有关部门对其保护修缮力不从心。在特殊的历史条件下, 山西省文物局倡导发起了社会力量参与文物保护利用的"文明守望工程", 一批热心公益事业的民营企业出资参与了当地文物的保护修缮, 有效推动了建筑遗产保护修缮工作。

芮城县五龙庙 (广仁王庙) 是全国仅存的4处唐代建筑之一, 2013年在国家文物局拨专款修缮的基础上, 由省文物局、芮城县委县政府、万科集团等多个单位共同发起了"龙计划"公益众筹项目, 集资支持五龙庙周边环境整治。曲沃县民营企业家黄文生、畅义龙认领修缮了曲沃县西海村龙王庙。几年后, 龙王庙一带已成为远近闻名的"星海温泉"旅游景区。各地市也纷纷发起了"文明守望"保护活动, 如长治市文明守望文物保护志愿者服务中心近年发起了抢救古建"撑伞行动", 中心负责人何艳军同志利用节假日跋山涉水, 在上党大地上探寻古建筑遗址遗构, 对一些岌岌可危的古建筑进行了抢救性保护, 这其中有不少传统剧场得到了抢救性的保护, 如平顺县老申峧龙王庙剧场、长子县大堡头镇双水村护国灵贶王庙剧场、长子县大堡头镇青仁村二仙庙剧场、长子县色头镇鲍寨村玉皇庙剧场、长子县色头镇王晃村汤王庙剧场等, 有上百处之多。

（五）文化普及要多元

对传统剧场进行学术研究的首要目的是追求历史原貌和真相，在此基础上，对其进行文化传承与普及同样具有重要的现实意义。中宣部《中华优秀传统文化传承发展工程"十四五"重点项目规划》刚刚出台，强调在记忆、传承、创新、传播四个方面着力。在原地保护修缮、博物馆展示的基础上，融通多媒体资源，加大传统剧场文化传播力度，增强传播效果，大力彰显中华传统剧场的文化魅力是当前的重要任务之一。

山西境内，博物馆中有多处专门设置了传统剧场的仿制品与模型予以陈列。如晋城市博物馆，按1∶1仿制高平市王报村二郎庙金代戏台；临汾市尧都区古城公园内融魏村牛王庙、东羊村东岳庙、王曲村东岳庙三座元代戏台为一体，按1∶1仿制了一座元代戏台；山西省博物院戏曲专题展馆、临汾市博物馆戏曲专题展馆中均有古戏台模型的展陈，山西师范大学戏曲博物馆中专门开辟了古戏台展馆，等等。

利用新媒体手段的传播和普及也多有尝试。全国文化信息资源共享工程山西省分中心便专门拍摄制作了《山西古戏台》系列专题片，选取临汾市尧都魏村牛王庙古戏台、太原市晋祠水镜台、运城市盐湖区关帝庙古戏台、高平市王报村二郎庙古戏台、平顺县九天圣母庙古戏台等数十处传统剧场进行了专门的拍摄纪录，运用影像手段对山西古戏台文化进行传播普及，具有重要的现实意义。

（六）"活化"利用为目的

传统剧场的"活化"利用迫在眉睫。"旧台新用"，如新绛城隍庙明代乐楼、稷山南阳村法王庙明代戏台、五台台怀镇五爷庙清代戏台仍然用于庙会时的戏曲演出；潞城李庄武庙金元风格舞楼在李庄庙会期间用于礼乐表演；翼城县武池村乔泽庙2019年举行了盛大的古戏台拜谒仪式；长子县丹朱镇东鲍村真武庙戏台设计了剧目场景重现。对传统剧场的"活化"也可以开辟为文化展示场域，这方面可以借鉴浙江省安吉县开发的全域生态博物馆群模式，生态博物馆群采用"一中心馆、十二个专题生态博物馆、多个村落文化展示馆"的体系框架，可以说是让"陈列在广阔大地上的（建筑）遗产"活起来，让"美丽乡村"中的古建筑、旧遗产"活"了起来。山西境内传统剧场很多，且多数散布在村落之中，将这些传统剧场作为各地村落的"乡村记忆"展示馆，发挥其"集团军"作用，以点连线，以线结网，让这些"废弃""闲置"的剧场"活"起来，成为村落公共文化活动中心，使山西发展全域旅游真正落到实处。晋城市掌村玉皇庙剧场便开辟为"掌村民俗博物馆"，长治市潞州区南垂村府君庙亦开辟了"村落民俗记忆馆"，晋城市西黄石村三官庙剧场、玉皇庙剧场等都已被"活化"。